マイナビ新書

教養として学んでおきたい歌舞伎

葛西聖司

マイナビ新書

はじめに

前回の東京オリンピックの頃から、わたしは歌舞伎を見始めた。学生時代は歌舞伎座だけでなく全国の劇場や地方巡業まで追いかけた。NHK就職試験の前日も歌舞伎を見ていたことが知れ、面接官にあきれられた。

そんな芝居好きがNHKの地方勤務になり、歌舞伎とは無縁の生活に。年1、2回しか見られない。貴重な休暇から職場に戻ると同僚に「葛西クン、生き生きしているね」といわれた。芝居を見た効用だろう。人生の栄養源が歌舞伎であることに、あらためて気づいた。念願の「劇場中継」「歌舞伎解説」が担当できるようになるのは、それから10年以上待たなければならない。

マイナビ新書から『教養として学んでおきたい能・狂言』を昨年、出版していただくなど古典芸能の本やエッセイ、歌舞伎俳優との対談集などは、これまで書いてきたが、真正面から「歌舞伎とは」を執筆したのは実は人生で初めての本になる。肩に力が入りそうだが、気楽にお読みいただける構成にした。

なぜ、わたしがこれほど歌舞伎に熱中しているかは、ざっと目を通していただくとわかる。わたしがこれほど好きなことばかりを綴っているので、書きながらもワクワクした。本来、歌舞伎は観客をワクワクさせてくれるもの。その秘密のいくつかを、文章で感じていただき、劇場に足を運んでほしいと思う。

コロナウイルスによる感染症拡大が収まらない中、日本では世界でも稀な公演可能状態を維持、継続している。「安心安全」「短い時間」「手ごろな料金」「名作と人気作」という体制がとられている。

いまこそ歌舞伎に触れるチャンスである。東京2020オリンピック開会式で市川海老蔵は隈取《くまどり》姿を披露した。来年以降、「十三代目市川團十郎白猿襲名披露公演」を予定している。これで、歌舞伎ブームは必ずやって来る。しかもチケットの入手困難も予想される。それに先駆け、歌舞伎の魅力をまず本書で味わっていただきたい。

本書の推薦コメントとして、女優の寺島しのぶさんから「歌舞伎の醍醐味は計り知れない！」との言葉をいただいた。歌舞伎の名門、尾上菊五郎家の長女として生まれ、当然、歌舞伎俳優になるものとばかり少女時代は思っていたという。同世代の役者と遊びながら成長したから当然だろう。市川海老蔵も同い年の友人だ。思春期に文学座研修生となり、その後の国際的な活躍は、読者もご存じの通りである。

歌舞伎の内からも、また歌舞伎世界とは一線を画した女優として、外からも歌舞伎を展望できる貴重な人だ。現在、長男の寺嶋眞秀《まほろ》君が、歌舞伎俳優として舞台に立ち母の夢をかなえてくれている。将来、どんな役者で、どんな名前で活躍してくれるか、歌舞伎ファンは楽しみにしている。

歌舞伎の「醍醐味」とは古典作品や名曲に接すること、また衣裳や道具の美など幅広く奥行きも「計り知れない」のだが、こうした幼い頃からの役者の成長を見続ける楽しみも、観客側の醍醐味なのである。その姿に祖父の尾上菊五郎、叔父の尾上菊之助の姿、わたしなどは曽祖父の尾上梅幸の面影までも重ねて見てしまうからだ。

読者の皆さんも、ご自分なりの醍醐味を見つけ、感じ取ってほしい。

なお、本書に名場面のイラストが数カットある。大阪在住のイラストレーター深谷匡弘さんの作品だが、原画は極彩色。石川県小松市の安宅町。能の『安宅』、歌舞伎の『勧進帳』のふるさとである。その安宅町の関跡に、歌舞伎をより身近に気軽に親しめる施設として、「勧進帳ものがたり館」が２０２０年にリニューアルオープンした。深谷さんに歌舞伎名作場面を展示パネルに描いていただき、わたしが解説文を書くというタッグを組んだ仲。それをモノクロでは残念だが、無理を申し上げ掲載した。

普通、巻末に書くべきことだが、これからページを開く前に知っていただきたく記し、寺島さんと深谷さんにあらためてお礼を申し上げる。

歌舞伎世界の言葉は珍しい表現や読み方をする。そのため本書ではフリガナを多用した。また、あえて舞台写真やイラストは少なくし、注釈もつけず、みなさんの想像力に頼る書き方を試みた。「文字で読む舞台中継」かもしれない。

さあ歌舞伎の世界へご案内しよう。

本書で紹介する歌舞伎の演目について、正式名称（本外題《ほんげだい》）にのみ『』を使用し、通称、略称の外題については「」を使用しています。

教養として学んでおきたい歌舞伎

目次

第1章　歌舞伎へようこそ

第2章　舞台を楽しむ

第3章　歌舞伎の物語

第4章　歌舞伎のびっくり

第5章　歌舞伎の人気　役者の力

第6章　名セリフと名曲を味わう

第7章　令和の歌舞伎

第1章

歌舞伎へようこそ

新人アナの「研修」

わたしがＮＨＫのアナウンサーに採用されたのが、昭和49（１９７４）年。当時、新人は初任地へ配属される前に、研修センターでおよそ2か月間の基礎訓練を受けた。かつては3か月の時間をかけ、国会や裁判所の見学、地方局での実習などがあった。新人生活から20年たち、古典芸能番組を担当できるようになった頃、研修制度の部署に意見を求められ、「劇場見学」「歌舞伎観劇体験」研修を提案した。わたしが新人時代に受けたかった研修で、それが実現した。

研修所での「伝統芸能入門講座」とセットで、「歌舞伎座に座る研修」も実施。「座る」というタイトルにしたのは、たった一度の観劇で歌舞伎は語れないからで、「歌舞伎座」という劇場空間の体験が目的だ。もちろん観劇をするのだが、取材者の眼で客席の雰囲気、食堂や売店の観察、観客の服装をチェック、芝居全体の疑問点を見つけるなどテーマを与え、リポートを出させた。

歌舞伎座〈正面〉

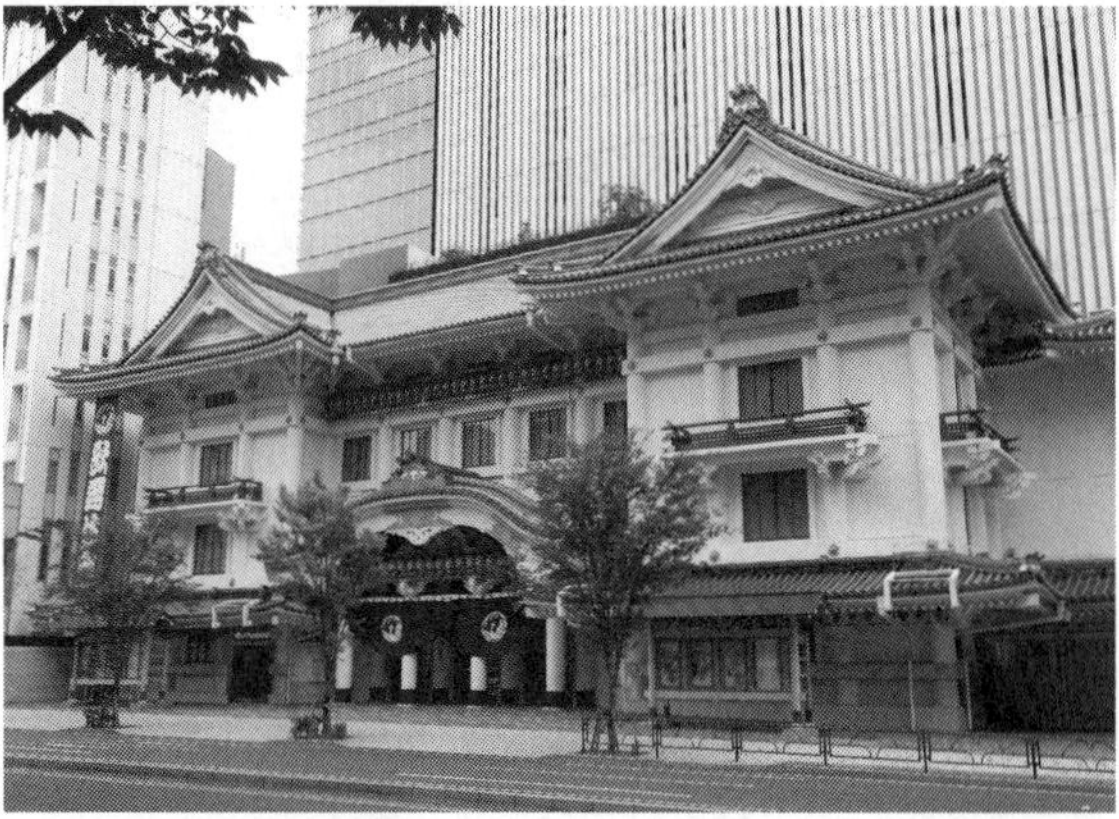

©松竹(株)

歌舞伎座〈舞台と客席〉

©松竹(株)

「隣の人からアメをもらった」「突然大きな声でかけ声をかける人にびっくり」「演奏者は、なんで鼓を口に持っていくの？」「売店で佃煮を売っていた！」「和服のお客が多い」などなど、研修所に戻ってそれらの理由を考えた。

また、出演俳優に来てもらい軽いトークのあと、初心者へ役者としてのメッセージを送ってもらった。これが研修生には一番インパクトがあったようだ。歌舞伎を見たこともなく、その俳優のことも知らない若者たちが、素顔と身体から伝わる「オーラ」に全員、ぼーっとなっていた。

歌舞伎座という芝居の殿堂に入ること。全体が見渡せる三階席に座ること。日本の放送ジャーナリストとして一度は歌舞伎座の客席に座った、芝居に触れたという体験は以後、歌舞伎を見なくても必ず役に立つと、わたしは信じたかった。

それゆえ、本書を手に取り、初めて歌舞伎を見ようという方には、コロナ禍の状況下では無理な相談だが、やはり東京の銀座にある歌舞伎座に行ってほしい。最大の理由は、毎月、歌舞伎が上演され、必ず見ることができるからだ。国立劇場は年7か月。ほかの劇場は、年1回か2回である。

その次におすすめの劇場は、名古屋御園座《みそのざ》、大阪松竹座、京都南座、そして福岡博多座である。どれも歌舞伎の上演を前提として建築されていて、花道、回り舞台、大ゼリなど、歌舞伎の演出に不可欠な設備が整った風格ある劇場だからだ。「顔見世《かおみせ》」という豪華俳優競演の看板公演は、10月の御園座、11月の歌舞伎座、12月の南座で、歴史を重ねている。

歌舞伎座に行こう

歌舞伎座の魅力はどこにあるだろうか。各地に残る、江戸の風情を伝える芝居小屋や山々に囲まれた農村舞台なども大好きだが、「大歌舞伎《おおかぶき》」と表記される本格的な伝統歌舞伎を楽しむのに、東京の歌舞伎座ほどふさわしい空間はない。

明治22（1889）年に開場して以来、火災、地震、空襲など様々な出来事から何度も建て直され、現在の姿は五代目。晴海通りの向い側から、その堂々たる姿を見上げてほしい。流れるような瓦屋根の破風に白壁。月替わりの歌舞伎興行を案内する垂れ幕が華やかさを添え、美しい。昭和26（1951）年に建てられた第4期の歌舞伎座の姿を踏襲して、国立競技場を設計した隈研吾が多くの歌舞伎ファンの愛した風景を再現してくれた。

正面からの全体像を、ある政治家が「銭湯みたいだ」といった。街角の空間になじむお風呂屋さんもいいが、歌舞伎座は気楽に「ごめんよ」と暖簾をくぐるのとは違う。憧れの町、銀座に聳《そび》えたつ歌舞伎の殿堂である。まずは風格を満喫しよう。

向かって右手には、小さな赤い鳥居がある。その名も「歌舞伎稲荷」。代々の劇場を守ってくれている。第4期までは場内にあったが、いまでは入場しなくてもお参りできるようになった。

劇場正面左端には「一幕見席入口」がある。コロナ禍の間は扉を閉ざしているが、いずれ再開されれば、ひと幕だけ「もう一度見よう」と気軽に立ち寄れる、歌舞伎リピーターの入場門になる。料金も千円から2千円。4階の天井桟敷だが、歌舞伎座の雰囲気はたっぷり味わえる。

歌舞伎座に入ろう

さあ、中に入ろう、まず入口でコロナウイルス対策の検温、消毒をすませ、一歩踏み入れる。二階まで吹き抜けのここは「大間《おおま》」と呼ばれるロビーで、赤い絨毯はふかふか。季節に合わせた飾りつけ。案内係の笑顔に迎えられる。

大きな手荷物や嵩張るコートは席に持ち込まない。足元においてはみんなの迷惑。すぐに地下へ直行、びっくりするほどの数、コインロッカーがある。まずは百円投資。身軽になって自分の席を確認する。

開演までに余裕があれば、館内見学をしよう。エスカレーター、エレベーターで地下から三階までスイスイ。でも階段を上がるのも良い。歌舞伎座は絵画、彫刻の美術館でもある。各階ロビーと踊り場の壁面には名画があり、眼福のひととき。見学は休憩時間にして、開演前は客席に座ってイヤフォンガイドを聞き待つのも良い。700円ほどで、上演中の同時解説だけでなくトークも楽しめる。

また、緞帳《どんちょう》も見事だ。4種類あり、安土桃山時代の「瓢箪図《ひょうたんず》」や高名な画家の筆になる原画を、西陣の綴《つづ》れ織で仕上げた工芸品。幕間に緞帳紹介という説明アナウンスもある。

客席はオレンジ色の温かい色調。一階最前列まで行って振り返ると、四階の幕見席まで見渡せる。その壮観な眺めにワクワクするだろう。ここでパチリ！と記念撮影。襲名披露などの折は、緞帳の前に特別な「祝い幕」がさがる。贔屓《ひいき》から贈られ、襲名する役者の名前や家紋が散らしてあり、めでたい絵やゆかりの柄が描かれている。これはその月だけの「限定もの」。上演中の写真撮影は禁止だが、休憩時間は写真に残せる。

執筆している現在、イヤフォンは場外に貸し出し窓口があり、筋書《すじがき》は大間左のカウンターで販売している。表紙絵も月替わりの豪華さ、上演作品のあらすじ、解説、見どころ、役者インタビュー、芝居エッセイや江戸の豆知識などが記載され観劇記念のお土産にもいいだろう。

「筋書」ってなんだ？　ただの「プログラム」「パンフレット」じゃないか、と侮ってはいけない。面白いことに、これは東京での呼び方。関西では「番付《ばんづけ》」といっている。相撲番付はデカ文字の横綱を東西に配した序列表だが、歌舞伎は上演番組を書き記したという意味にとらえるといい。人形浄瑠璃《じょうるり》・文楽《ぶんらく》の番付はその両方を兼ね備え、見開きに織り込みページがあり技芸員（太夫、三味線、人形）の名前が太かったり極細だったりと、相撲文字感覚で墨書されている。

歌舞伎座の筋書のミニ知識。公演中に別バージョンが販売される。初日からしばらく、最初の数ページは出し物（歌舞伎上演作品をこういう）の名場面が一枚ずつ錦絵になっている。江戸からの芝居絵の伝統を受け継ぐ鳥居派の絵師の筆。

これはこれで価値がある。だが、中日過ぎた頃の新バージョンは絵に代わって舞台写真が掲載される。上演中の役者の扮装写真が見られるのである。いや錦絵も捨てがたいという人は、帰りがけに歌舞伎座正面に戻ろう。出て左右、朱塗りの大きなガラスケースに絵看板。これが原画なのだ。すかさずパチリ。

歌舞伎座自慢ばかりで、なかなか芝居の話に進まないが歌舞伎の楽しさにはこうした周辺の楽しみ、誘惑がいっぱいある。コロナ禍の間は場内の売店や食堂は利用できないが、実は歌舞伎座の外から入れ、様々な芝居グッズや歌舞伎座観劇記念の品を購入できるし、一階の喫茶室や上階の食堂も利用できる。

さらに、「歌舞伎稲荷」横のエスカレーターで地下二階に降りると、地下鉄の東銀座駅へつながる空間。そこは広大な歌舞伎ワールド、「木挽町《こびきちょう》広場」と呼ばれ、歌舞伎座の大提灯を中心に江戸趣味、役者好み。芝居関連スイーツなどの出店があり、観光気分も楽しめる。その奥のエレベーターで五階まで直行すると、歌舞伎座の大屋根の上の庭園散歩コースもある。もちろん入場無料。歌舞伎座は観劇とともに一日楽しめるテーマパークでもある。

歌舞伎のイロハ

座る座席番号はいたってシンプル。一階席10列27番とか、二階席3列11番などと記されている。実は、ついこの前までは「ろの13番」とか「かの5番」などとなっていた。「いろは」順だ。

「寺子屋」時代にあった芝居小屋の伝統とうれしく思っていたが、さすがに最近の若い人たちは「いろはにほへ」を覚えていない人も多いためか、現在の表記にかわってしまった。かつての歌舞伎ファンは「とちり」席を好んだ。舞台から数えて7列目から9列目。このあたりの花道寄りが人気だ。その人たち、いまは「いろは」と指を折って考え込む時代になってしまった。

ここでミニ知識。本書で「大歌舞伎《おおかぶき》」という表現がよく出てくるが、これは、かつての小さな劇場で上演された大衆的な「小芝居《こしばい》」や、地方都市巡業専門の「旅芝居《たびしばい》」、農村などで行われたアマチュアの「地芝居《じしばい》」などと区別した表現。

大名題《おおなだい》といわれる看板役者が共演、競演する。歌舞伎が日本で始まった頃、ヨーロッパで産声を上げたオペラも現在は「GRAND　OPERA」と表記され、歌舞伎も「GRAND　KABUKI」と「筋書」には記されている。人気の若者を中心に据えた公演は「花形歌舞伎」と表現されることもある。「若手」にあたる「花形」という日本語も10代から40歳くらいまでを含むので、決して「若い＝未熟」という意味ではない。

歌舞伎座の上演は、かつては一日2回公演。午前11時開演が昼の部、午後4時半始まりが夜の部といって、ずっとこの体制がとられてきた。8月は若手、花形公演で21世紀になった頃から三部制を取り入れてきた。コロナ禍で消毒や楽屋入れ替えを徹底した四部制を取り入れて成功し、2021年1月から毎月三部制の興行が続いている。この利点は、初心者には拘束時間が短い（これまで4時間だったものが2時間半）ぶん料金が安い。たとえばコロナ禍前は1等席の平均が1万8千円だったが、いまは1万5千円前後に。内容は2演目で、じっくりした芝居と舞踊劇などの変化を楽しめる。

コロナ禍前の環境に戻れば、「通し狂言」といって大河ドラマの発端から結末まで一日がかりで見る上演形態も復活するだろう。また、昼の部4本立て狂言などという場合もある。「狂言」とは、能・狂言のことではなく、歌舞伎界ではたんに「芝居」を指す言葉でもある。歌舞伎の台本、脚本を執筆、整理する人たちを「狂言作者」と呼ぶことも同様だ。

「みどり狂言」の魅力

「通し狂言」という表記があるが、たとえば、赤穂浪士の事件を扱った『仮名手本《かなでほんちゅうしんぐら》忠臣蔵』や源義経が解決する様々な歴史エピソードが展開する『義経千本桜』

などである。こうした9時間近くかかるものを、江戸時代は夜明けから日没まで一日通して楽しんでいたので「通し」という。国立劇場では、3か月連続で三分割して上演することも多いので、初めから終わりまで楽しむことは現代でもできる。

また「4本立て」とは、ロングバージョンの作品は名場面や有名な一幕が独立して演じられても意味がよくわかるので、それらを取り混ぜて4種類ということ。たとえば『義経千本桜』の中の「吉野山」という場面は、静御前と佐藤忠信が主君、源義経を訪ねる「道行舞踊」なので、華やかで45分くらい。これで1本。「寺子屋」という演目は『菅原伝授《すがわらでんじゅ》手《て》習鑑《ならいかがみ》』という長編物語の最後の幕で、道真の遺児を守るために、寺子屋の先生夫婦が自分たちの子供がいないため、身代わりに上品な生徒の首を斬る……ええっ！　と仰天な内容だが、実はそれを承知で息子を入学させていた親がいたという、サスペンス仕立ての名作でこれだけで十分話がわかる90分作品。これも1本だ。

それらを、よりどりみどりで上演するので「みどり狂言」といい「通し」と区別している。もちろん古典だけでなく新作や落語ネタの喜劇や人情噺もあり、バラエティーに富んでいて「見た！」という満足感が得られる。

コロナ禍の前、平成時代の終わり頃から歌舞伎界では、いままでの「常識」や「慣例」が少しずつ変容してきた。1日初日、千秋楽が25日あたり。それから次の月の稽古は3日間で幕が上がる。これが昭和20年代から継続されてきた。最低1か月は稽古をする他ジャンルの演劇では考えられないことだ。

古典の名作は、繰り返し上演されるので、未経験でも知識がある。そのため、歌舞伎役者は「初役《はつやく》でもできて当たり前」という信じられない技能集団だ。また幼少から基礎訓練ができているから、新作であっても応用問題と俳優は考え、初日を開けて3日間ぐらいで、上演しながら台本に修正を施し完成形に持っていってしまう。初日と5日目では、ある場面や大道具がなくなっている場合もある。

こうした驚異的な技に頼って長年、上演を重ねてきた。また午前11時開演と、午後4時半開演で、昼夜同一狂言もたまにはあったが、ほとんどが7本から8本立て興行の贅沢さ。平日11時や4時半に観劇できる人はいるの？　と初心者は思うだろうが、昼夜満席の実績も長年重ねてきた。

しかし、このゆるぎない（はずだった）常識は、週休2日制や長期休暇が当たり前の社会情勢の中、考え直され、国立劇場が、もともと正午開演の一部制を基本にしていたこともあり、休演日を設け、それをきっかけに歌舞伎座でも休演日を導入したり、三部制などで仕事帰りの観劇を可能とした夜6時半開演も採用されて好評になってきた。

さらに、コロナ禍による安全対策の徹底から、収入減にはなるが快適な観劇環境を整備するよう各劇場が前向きで、世界に類を見ない、コロナ禍中での大劇場公演が可能になっている。誤解を恐れずいえば、初心者が歌舞伎を観劇するに、いまが絶好の機会と思えてならない。本書を書くきっかけの一つが、今回の災厄なのでもある。

むろん、配信動画やNHKの舞台中継、さらには松竹やNHKの歌舞伎DVDなど、ステイホームで歌舞伎入門をする方もいるだろうが、自身の健康と相談しながら、歌舞伎座の空間に身を置く楽しみを味わってほしいと、思っている。

開幕5分前

オペラやミュージカルでワクワクするのは照明が落ち、オーケストラボックスに指揮者が現れ拍手が始まるところから。能舞台では笛、鼓で「お調べ」という響きがどこからか聞こえ始めると観客は「シーン」となる。宝塚歌劇はトップスターの「みなさま、ようこそおこしくださいました」という呼びかけが期待感を盛り上げる。

歌舞伎はどうだろう。開場時間と同時に入場すると、客席に大太鼓の音が聞こえてくる。「着到《ちゃくとう》」の響き。幕の中で打っている。ドーンドンという音だが、よく聞けば「ドーンと来い」と打っているのだ。これは相撲も同じで、江戸時代は高櫓《たかやぐら》の上で、さあ芝居や相撲が始まりますよという「ふれ太鼓」を打ち、開演を知らせてきた伝統がある。もちろん場内アナウンスや5分前開演ベル（ブザー音）は、ほかの劇場と同じである。

さあ開幕です

開演時間になると、ブザー音など無粋な音はない。通常、幕の向こう側から三味線や唄が聞こえてくる。この後が御殿の物語だと荘重な演奏が、村の場面だと在郷唄が、神社の場面だと祭囃子や神詣でにまつわる唄が聞こえてくる。これがオーバチュア（序曲）だ。

そしてチョンチョンチョンと木を打ち合わせる明るい音が響く。拍子木《ひょうしぎ》を打っているのだが、歌舞伎では柝《き》を打つとか柝頭《きがしら》の音などという。幕が開くスピードに合わせて細かく打たれる。「刻む」ともいう。幕が開ききったところで「チョーン」、これが本編開幕の音。柝を打っている人は狂言作者といわれる。

作者といえば脚本、台本作家と同様だが、江戸時代、作者部屋の人々はリーダーを中心に共同執筆していた。立作者としては鶴屋南北や河竹黙阿弥などの名前を見たことがあるかもしれない。「忠臣蔵」などは人形芝居のために書いた、浄瑠璃作者なので、歌舞伎に置き換える場合、別に歌舞伎の狂言作者が筆を加えたり、人間が上演しやすいように改変したりした。

狂言作者は台本だけ書けばいいのではなく、舞台進行係も務めた。「間もなく幕が開きますよ」と時計のない時代、楽屋で柝を打って知らせる役、開幕や幕を引くときの柝、セリフを書いた「書き抜き」の整理、芝居で使う手紙など毎日使うものを書いたり、細かい記録をとったり、古典作品は新たに脚本を書きおろすことはないが、演出によって内容が異なるので台本整理は必要で、集団でいくつもの役割を分担する忙しい仕事。黒衣《くろご》姿で「たっつけ」という袴の動きやすい姿で駆け回っている。柝は樫《かし》でできていて、細長い二本は、打ち合わせるところはまっすぐではない。軽く反っている。ある一点だけで打つ。わたしたち素人は鈍い音しか出ない。「チョーン」という澄み切った音色が観劇の期待を高め、芝居の空気を一色に染める力がある。

宮尾登美子の小説『きのね』は歌舞伎のエピソードで一杯だが、本来「柝の音」は「きのおと」と言うと、小説内に書いてある。幕が閉まるときは、余韻にひたれる刻み方。内容によってもスピードが違う。狂言作者も心の中で芝居をしているからだ。このあとも紹介していくが、歌舞伎はたくさんの職人たちの集団芸で、その技を味わわせてくれる。

チョーン、さあ開幕だ！

第2章

舞台を楽しむ

歌舞伎を楽しむのになんの用意もいらない

さあ、舞台が始まった。第1章を読まず、ここから読んでも問題はない。第1章に基礎知識めいたことをちりばめはしたが、あくまで書名の「教養」を意識しただけのことで、歌舞伎は、まっさらな気持ちで楽しめる娯楽だ。エンタメの代表、ディズニーランドやUSJも、攻略本を読んでから合理的に、より深くアトラクションを楽しむ方法もあるが、それはリピーターや年間パスポート所有者向き。なんの準備もせず老若男女、それぞれの楽しみが味わえるのが遊園地。歌舞伎もそのとおり、なんの用意もいらない。

本書と同シリーズで発売されている『教養として学んでおきたい能・狂言』では、想像力を駆使するために「簡単な基礎知識を入れて見るほうが楽しい」と書いたが、歌舞伎はその逆だ。素直に客席に座っただけで楽しめるようにできている。

想像力を駆使しなくても大道具は具体的で、背景の絵で海か山か、下町か御殿かわかる。衣裳、化粧の扮装でお姫様か忍者か、お百姓さんか動物かまでわかる。見ただけで悪人か善人かもすぐわかる。それが実は……と逆転するときもあるから面白いのだ。歴史を知らなくても、お金に困っている、殺されそうだ、恋をしている……と場面ごとの状況もわかる。

もちろん古典作品は、聞き慣れない言葉が出てくる。お母さんを「母上」ならわかるが、「母者《ははじゃ》」「母者人《ははじゃびと》」、奥さん一人なのに「女房ども」、夫を「こちのひと」など呼称もあれこれ。ただ、長屋の物語は「おっかさん」「おやじどん」「かかあ」「おまえさん」などわかる。聞いているうちに慣れてくる。

もっと硬い言葉も出てくるが、そんなときどうしたらいいか教えよう。「飛ばす・無視する・スルーする」のだ。日本語は一字一句わからなくても前後の会話のつながりで理解できる。これは中学時代にわたしが会得した？ ことなので納得していただけるだろう。つまりわかる言葉だけ頭に入れていけばいいのである。

音楽劇だから義太夫や長唄の「文言が聞き取れない」「歌詞の意味がわからない」という人もいる。これも台本や長唄の歌詞をコピーして首っ引きで見ればいいというものでもない。音楽として楽しむ余裕をもちたい。三味線が慌ただしく弾いている、なにか急展開だ。太夫さんが顔を真っ赤にして語っている、なるほど舞台の主人公が悲嘆のどん底で苦しんでいる。大まかなことを察すれば、細かいことは後からわかってくる。

初回から、なにもかも理解しようとしてはいけない。まずは自分が好きな部分に目を凝らして没頭することだ。なにより役者の演技に集中していると音楽の情景や歌の言葉が、浮き上がってくる。つまり頭ではなく身体で感じてほしい。華やかな色彩、豊かな音楽、豪華な舞台美術、なかでも絢爛たる衣裳、独特の化粧で映える役者の演技に注目してほしい。その圧倒的な存在感や歌い上げるセリフの心地よさ、恋心の描き方、どろどろした感情のもつれ、整然とした立ち回り、歌舞伎俳優ってすごいな、素敵だなと思えたら入門編は合格だ。

歌舞伎は「役者を見る芸能」

歌舞伎のリピーターになる近道の一つは、好きな役者を見つけること。これが早道。ほかにも人気作を選んで見る、名曲を聴く、衣裳や役の早替りを楽しむなど、いくつも入口があるが、歌舞伎は「役者を見る芸能」だと私は思う。

歴代の名優が「型」をつくり継承していたり、その家だけに伝わる演出や芸の秘密があったり、去年までさほどでもなかったのに（失礼）、急に美女になりイケメンになってブームになる花形がいたり、「あの俳優の孫が初舞台だから見たい」など、歌舞伎は役者を中心に展開する演劇と認識していると、どんどん見たくなってくる。

歌舞伎は約束事が多いというが、それは舞台の上でのこと、江戸時代は土間の升席で弁当食べながら観劇し、酒も飲んだだろう。気に入らない出し物や役者には背を向けた人もいるというが、現代の劇場は椅子席で、歌舞伎座だけでなく客席で飲食はできない。かけ声もコロナ禍期間中は禁じられているが拍手はどこでしてもいいし、しなくてもよい。観客席で観客同士を不愉快にさせる私語を注意するくらいで、何の約束事もない。気楽な庶民の娯楽だ。

そんな、役者に注目しながら楽しめる歌舞伎をいくつか紹介しよう。あらすじは細かく書かない、むしろこの芝居はここが面白いのでは？　こんな見方をしたらいかが？　という、はなはだ乱暴な私流おすすめ舞台と考えてほしい。なるべく上演回数が多く、見たくなったら、見られるものを選んでみた。古典から新作まで３００本を超えるので網羅はできない。それだけ入口は広く奥行きは深い。

名作の世界へようこそ

皆さんが見る機会が多いのが三大名作といわれるもの。第1章で、発端から結末まで演じると一日がかりになると書いたが、その中でも有名な一幕だけで上演する頻度が高いのが、『仮名手本忠臣蔵』の「七段目」と「おかる勘平の道行(落人《おちうど》)」、『義経千本桜』では「すし屋」と「吉野山」、『菅原伝授手習鑑』では「寺子屋」と「車引」、それぞれ30分から90分程度で楽しめる。

正式なタイトル(「本外題《ほんげだい》」という)に、「落人」などが併記されるのだが、右に挙げた場面では「忠臣蔵」とあっても松の廊下の刃傷事件もなければ討ち入りもない。「義経千本桜」「菅原伝授」でも、タイトルにある源義経や菅原道真が出てこないので、びっくりしたりがっかりしたりする人もいるが、それは誤解で、それぞれ名作の一幕なのである。

①『仮名手本忠臣蔵』「七段目」

『仮名手本忠臣蔵』は、全十一段もある大作。

「七段目」の舞台は華やかな祇園一力という「茶屋場《ちゃやば》(遊興場面)」。大石内蔵助《おおいしくらのすけ》が敵討ちの本心を明かす大切な場面である。敵討ちに参加したい夫・勘平のために身売りをして遊女になった女房・おかる。その兄で、敵討ちに行きたくても身分が低い足軽の平右衛門。そして仇討の本心を隠して酒と廓遊びに溺れている大石内蔵助。3人の物語が展開する。

江戸時代に生まれた演目で、本当の家名や実名は使えないので、名は大石内蔵助ではなく大星由良之助《おおぼしゆらのすけ》になるが、酔いつぶれ、眠ったふりをしているところに密書が届く。それを縁先でこっそり読み始める由良之助だが、なんと縁の下で身内のスパイが長く垂らした手紙を盗み読み。さらに二階の座敷から恋文だと勘違いして、おかるも鏡に映して読む。この3人の場面が構図としても床下、一階、二階となり面白い。

読みふけっているおかるが簪《かんざし》を落とす。その音で、由良之助はおかるに気づき慌てて密書を隠すが、途中ちぎれているのがわかる。ギクッとする由良之助。はてな？　と縁の下に誰かいると、懐紙を燃やして落とす。下から手がすっと伸び、スパイを確認。由良之助は落ち着いて庭へ降り、まず、おかるを梯子《はしご》で二階からおろし、その梯子で、スパイが出られぬよう床下を塞ぎ、おかるが手紙を読んだかどうか確かめる……。こんな風にサスペンス仕立てで舞台が進む。

由良之助はおかるに急に優しくなり、身請《みう》けして自由にしてやると約束をして、奥へ入る。そこへ平右衛門がやってきて、由良之助が妹を身請けすることは仇討の心がない放蕩《ほうとう》に決まったと憤る。すると、おかるが密書の内容から仇討計画を漏らす。いぶかしむ平右衛門は、すべてを悟って妹を殺そうとする。おかるが知った秘密を「口封じ」するために、身請けして殺そうという由良之助の真意を悟ったからだ。

自分が妹を殺して、それを手柄に仇討メンバーに加わりたいと、おかるに事情を話す平右衛門。夫のために死ぬわけにはいかないとおかるは懇願するが、夫、勘平はおかるが身売りをした日に腹を切って死んでいる事実を明かす。生きる望みを失ったおかるは、兄の出世に役立てばと殺される決意をする……。緊迫したドラマ展開の奥に、おかるの夫への一途な愛が見え隠れする。おかるは果たして……。そして床下のスパイの運命は……。あとは見てのお楽しみ。

「七段目」—教養のキ

何段目という表現は、人形浄瑠璃の構成からきている。初段から始まって時代物は五段構造。なかでも二段目、三段目、四段目のなかの「切《きり》」「切場《きりば》」といわれる最後の部分に名場面が多い。え？　七段目はないの？　と気づく人はえらい。『仮名手本忠臣蔵』は全十一段。通常の二段目の切が、四段目の「判官《はんがん》切腹」で、三段目の切が、六段目の「勘平腹切り」にあたる。おかるの夫、勘平は誤って親を殺したと勘違いして自殺してしまう。四段目の切は、九段目「山科閑居《やましなかんきょ》」。いずれも名場面で判官、勘平、加古川本蔵（刃傷で浅野内匠頭にあたる判官を抱きとめた人）、それぞれの「腹切り」場面が描かれている。

では「七段目」は？　四段目の冒頭、口にあたる部分。「口」とはいっても、すでに紹介したような、有名な大石内蔵助の放蕩生活と真実の心を描く重要な場面。それだけ「忠臣蔵」は人気ドラマで見どころ一杯というところだ。

他の芝居にも「七段目」はあるが、『仮名手本忠臣蔵』の七段目は、今ではもう代名詞になってしまった名場面だ。それゆえ古典落語に「七段目」という噺がある。

大店《おおだな》で芝居好きの若旦那が、同じ趣味で話が合う丁稚に妹の振袖を着せて、平右衛門とおかるごっこ。若旦那、熱演のあまり腰に差した本物の刀で丁稚を斬ろうとするので、こわくなった丁稚が二階から転がり落ちてくる。主人がどこから落ちてきたのだと聞けば「七段目」というサゲ。人気の噺で、歌舞伎の「七段目」を見たことがない人にも伏線の解説で、わかる芝居噺となっている。

見てから聞くか、聞いてから見るか。楽しみはどちらも倍加すること請け合いだ。

②『菅原伝授手習鑑』「寺子屋」

菅原道真が右大臣にまで出世したものの、左大臣、藤原時平《ふじわらのしへい》に憎まれ、冤罪を受け九州に流され、憤死したという歴史物語が前提になっている。

「寺子屋」はしばしば上演される。「小屋」ではなく、寺子が通う学校、私塾が「寺子屋」で先生は武部源蔵《たけべげんぞう》。書道の達人、菅原道真がその才能を認めたほどの人物。道真公が流された後、忘れ形見の菅秀才《かんしゅうさい》を殺そうと狙う時平側から、守ろうとする人々の姿を描くドラマ。

源蔵は菅秀才を自分の子供として匿っていることが露見し、首を打って渡せと命令され絶体絶命の窮地に陥る。身代わりに立てたくても自分に子がなく、まして田舎育ちの寺子たちでは、一見しただけでニセ首と判明してしまう。ところが今日、入学したばかりの子は気品があり同世代。

なんと教師が教え子の首を両親に無断で斬ってしまうという非道なストーリー

菅原伝授手習鑑・寺子屋の一場面

が展開する。そして「首実検」といい、顔を見知っている役人・松王丸《まつおうまる》が本物か実況見分に来る。またしても崖っぷちに立たされるが、神の助けか無事、見分を通過しホッと息を吐く。

ところが、預けた母親が子供を迎えに現れ……スリリングなドラマ展開はまだまだ続く……口封じに母親を殺そうとする源蔵。すると……意外な事実が。この母親は身替り承知でわが子を預けていた！　いったい誰の子かといえば、そこに父親が登場し、なんとさっきの検死役、悪役の松王丸だったというではないか。親が世話になった道真公に恩返しのため、わが子を犠牲にするだけでなく、わが子の首をじっと見つめ、菅秀才の首に間違いないと告げる、苦衷《くちゅう》の「首実検」が実は最大の見せ場だったということになる。

歌舞伎は何の知識がなくても楽しめるが、この結果を知ってからみれば何倍も楽しみが増える。不朽の名作は、親子の愛情と恩義に報いる忠心とのせめぎ合いを見事に描き、涙なくしてはみられない。現代ではありえない事件だからこそ、源蔵を非道とか、松王を残酷だと皮相なとらえ方ではなく、深い人間ドラマが味わえるといえよう。

「寺子屋」―教養のキ

長編のタイトル、前半は「菅原伝授」。これは、道真が書道の奥義を伝授した、その相手は武部源蔵という意味。二段目に「筆法伝授」という場面もある。その伝授は免許皆伝の巻物で、舞台頭上の神棚に納められている。源蔵が寺子の首を斬りに奥へ入るとき、それを懐に忍ばせるのを見落としてはいけない。単なる小道具、免許皆伝の書類というだけではない。亡くなった主君であり恩師である道真公の魂と思わなくてはいけない。

さらに「手習鑑」は、手習を教えて生計を立てながら筆法を村の子供に伝え、同時に幼い菅秀才に伝えて恩師の子への隔世伝授、中継ぎをするということがわかるし、人の道の鑑《かがみ》（お手本）という意味があり、この「寺子屋」がタイトル全体の集約場面ということが読みとれるのである。

お手本は、「いろは」という読み書きの手習本の意味もあるが、この幕の最後に「いろは送り」という名場面がある。犠牲になった子の葬送、野辺送りだ。第1章で「いろは歌」を知らない世代のことを書いたが「いろはにほへと」を「色は匂えど散りぬるを」と、花が散る無常観を同じ字を使わず弘法大師が歌い上げたと伝説がある。

それをさらに義太夫節に書きかえて「いろは書く子はあえなくも　散りぬる命是非もなや」と、松王丸夫婦の心情に読み替えて、「我が世たれぞ常ならむ」を「明日の夜　誰か添え乳せん」。死んでしまった子の面倒は誰が見るの？　と母親の悲痛を描き、「憂いの奥山けふ越えて」を「剣と死出の山け越え」と、地獄に行って剣の山で苦しまないようにと読み解き、「浅き夢見しゑひもせす」は「あとは門火《かどび》に酔いもせず」と変え、わが子を送る焼香や門火の煙が目に染みて余計涙がこぼれると両親の嘆きを描き切って幕となる。

ここは、「いろは歌」を知っている世代が「勝った！」「義太夫のからくりがわかった！」とひそかに快哉をあげるところ。寝ている暇はない。

③『義経千本桜』「すし屋」

この『義経千本桜』までが三大名作といわれるものだが、いずれも人形芝居のために書かれ義太夫節で語られる戯曲だ。すぐに歌舞伎にうつされ、上演を繰り返し250年。人気は衰えない。

なかでも源義経はスーパースター。一の谷、屋島の合戦での奇襲攻撃を成功させ壇ノ浦で平家を滅亡に追いやった英雄。しかし後半の人生は兄、頼朝から命を狙われる逃亡者。悲劇のヒーローは愛され、様々な芝居に登場してくる。

しかしこの戯曲では脇役。死んだはずの安徳天皇、平知盛、平維盛らが生きていて、様々な名場面が生まれた。なかでも「すし屋」は題名通り、歴史上有名人ではない庶民、すし屋のドラ息子、その名も「いがみの権太」が主人公で義経は出てこない。「いがみ」は根性がゆがんでいる、権太は関西ではやんちゃなこどもを指す言葉「ごんたくれ」から。実家のすし屋から金を盗んだり、詐欺を働く小悪党だ。父親はまじめ。勘当した息子に代わって、よく働くイケメンの使用人、弥助《やすけ》を娘と夫婦にしてあとを継がせようと考えている。娘は恋心を抱いているだけで弥助の正体を知らない。

父、弥左衛門だけが知る事実。弥助は平家の貴公子、維盛《これもり》の世を忍ぶ姿なのだ。弥左衛門は亡くなった維盛の父の、重盛《しげもり》に受けた恩返しのため匿っている。「寺子屋」と似た設定だ。しかし源氏方の役人に露見し、逮捕しにやってくる。権太は金もうけになると弥助の首を落とし、「首実検」に差し出す。同時に維盛の妻、若葉の内侍《ないし》と息子、幼い六代君《ろくだいぎみ》も捕縛して鎌倉方に手渡す。

一同が去った後、父の弥左衛門は刀を抜いて憎い息子を突き刺す。血みどろで苦しむ権太の口から意外な真実が……。あとは見ての……いや書かずにはいられない。さんざん悪事を働いた息子が、なんと真人間に立ち返っていたという意外な展開。差し出した首は偽首で、連れ去られた奥方と若君は、権太の女房と息子だったと苦しい息で告白するのだ。悪人に見えた人物が「実は」と語る手法は「モドリ」というのだが、もとの無垢な人間に戻るということなのだろう。

これだけでも十分、家族の悲劇を堪能するが、さらに非道な大逆転が待っている。褒美の金と思って受け取ったものを改めると、数珠と袈裟が入っている。維盛に出家しろという暗示だ。鎌倉方はなにもかも知って見逃したのだ。

それは頼朝が少年時代、平家に捕らえられたとき、嫡男なので本来は死罪になるはずだった。それを救ったのが維盛の父、重盛と母である二位の尼。その恩義に報いて命を助けるというフィクション。権太の父、弥左衛門も頼朝も重盛に恩顧を受けていた。結局、権太は「犬死に」になってしまう。このおりの寂しそうなセリフが「謀《はか》ったつもりが　こちらが命を騙《かた》られる」。

人を騙《だま》して生きてきたつけがまわって、結局、命を騙し取られたとつぶやいて死んでゆく。ありきたりではない人間描写になっている。つまり、源平の争いという歴史的事件が庶民の家庭に影を落とす、隠れた戦争犠牲者という見方もできるのである。

こう書くと陰湿なドラマに見えるが、役者が演じると権太像は目端のきき、苦み走った小悪党で色気もある、逆に母に甘えるぼんぼん気質で、女房や息子にはやさしい素顔を見せる好人物にも描かれている。だからこそ縄で縛られ、猿轡《さるぐつわ》をされた妻子が去ってゆくとき、ほろりと涙を見せる場面が見逃せない。ステレオタイプではない人間造形が役者の力量にかかっているからこそ、幕切れの悲哀、述懐のセリフが深いのである。

また、色白で気品ある維盛が妻子ある公達《きんだち》とは知らず恋をする娘のいじらしさ、維盛が弥助という使用人の扮装はそのままなのに、誰もいないとき弥左衛門が頭を下げると、スーッと貴公子に顔も身体つきも変貌してゆく芸も見どころだ。

「すし屋」――教養のキ

歌舞伎は江戸庶民の暮らしを教えてくれる。握りずしは労働者たちが屋台で簡単に食べられるファストフードの始まりだと、クイズ番組が教えてくれた。この「すし屋」は握りずしや巻きずしを商っているのではない。処は大和の国。吉野川でとれる鮎を発酵させた「馴れずし」が名物のすし屋。「寿司」ではなく「鮓」だ。米は食べるというより魚を発酵させる素材だ。琵琶湖の「鮒ずし」も同様。宮中に納める「献上鮎」の里。山奥の村が都の中心とつながっている。

偽の首を入れる桶も、この鮓の容器で店頭に並べてある。首がすっぽり入る大きさで手提げになっている蓋つきの木桶。出前の丸い平桶とは形態が違う。この桶が大活躍する。母からせびり取った金を、親父が外出から帰ったので慌てて桶に隠す。帰ってきた父は、山道で出会った死骸の首を偽首にしようと桶に隠す。

つまり、並んでいるどの桶に金が、どの桶に首が入っているかを覚えておくと面白い。弥助の真の姿が維盛と分かって告げ口（注進《ちゅうしん》）しに行くとき、金を入れたはずの桶を手にする。はじめは軽いので戻し、次は重さを確かめて持ち去る。ねじり鉢巻きに肌脱ぎをして桶を抱えた姿が花道で決まる。ポスターになるいい形。

ここまでは悪人だった。しかし桶の中の首を見て父の苦労を知ったのかもしれない。再び花道から登場するまでの間に何をしたかを想像してみよう。首は前髪。その髪を剃り上げ月代《さかやき》を作って弥助に似せること。妻と息子を説得し女房と息子の粗末な衣を御台所《みだいどころ》、若君と取り替えて着せ、妻子を縛り上げること……。たくさん知恵を働かせていたことがあとでわかる。

勘当している息子の子を、孫として抱いてやれなかったことを老夫婦は嘆く。今の世にもよくある家庭悲劇。身近なドラマであることをすし桶という庶民の道具が教えてくれるのである。

④『曽根崎心中』

芝居を見ていなくても、この本外題《ほんげだい》（作品名）は見たことがあるだろうし、近松門左衛門の名作という知識の人もいるだろう。でも古典作品の代表ではない。

上記の三大名作は、初演から250年途切れることなく上演されてきた。しかし『曽根崎心中《そねざきしんじゅう》』は実際にあった心中事件の直後、人形芝居で上演し、歌舞伎に移されたのはほかの作品と同じだが、歌舞伎でも、人形芝居でも上演は途絶えた。

いまでいえば週刊誌に書かれた庶民の事件。ニュース性はあって、耳目を集めたが「キワモノ」扱いされたのかもしれない。またほかにも上演したいものが量産された時代で、忘れ去られていった。同じ近松原作でも、『心中天網島《しんじゅうてんのあみじま》』や『冥途の飛脚《めいどのひきゃく》』が歌舞伎での改作が次々に生まれていったのとは違っていた。

再び名前が出たのは、昭和29（1954）年のこと。令和2（2020）年に亡くなった坂田藤十郎《さかたとうじゅうろう》が、父である二代目中村鴈治郎《なかむらがんじろう》と演じた『曽根崎心中』が爆発的にヒットし、それから千回を超える上演回数を重ねてきた。これは劇作家、宇野信夫が筆を加え演出した新作の歌舞伎といえるかもしれない。ヒットの理由はシンプルな台本整理、また近松研究が脚光を浴び始めた時期でもあるが、最大の理由は坂田藤十郎が中村扇雀《なかむらせんじゃく》時代、その美貌と近代的な感覚から「扇雀ブーム」がおきたためだろう。

場面は「生玉《いくたま》神社」での出会いが昼で、「天満屋《てんまや》の場」がその日の夜、心中する「天神の森」が、その夜更けから明け方までという時間経過。わかりやすいので海外でも大評判。藤十郎はイギリス、中国、韓国など世界中で絶賛された。それをのちに長男の中村鴈治郎が祖父の徳兵衛を受け継ぎ、次男の中村扇雀が父のお初を、また藤十郎の孫、壱太郎《かずたろう》もお初を継承していて、見る機会が多いだろう。

新作に近いといっても近松の美文は義太夫にしっかり残され、役者のセリフに取り込まれている。醤油屋の手代、徳兵衛が曽根崎の遊女、お初と相思相愛。しかし身請《みう》けの金が必要。たまたま神社の境内で再会。万が一の時は二人で死のうと約束する。そこに徳兵衛の友人と出会い喧嘩に。徳兵衛は怪我をする。原因は徳兵衛が金をだまし取られたから。が、詐欺の手口は巧妙で取り返せない。

続く夜の天満屋。お初が怪我をした徳兵衛を案じていると、門口に悄然と現れる。長く裾を引く裲襠《うちかけ》の中に隠し、縁の下に潜ませる。座敷の客や仲間にはわからない。ここでお初は、死ぬ覚悟を足先だけで伝える。徳兵衛はお初の足首を取って喉《のど》にあて、決意の固さを示す。

ここが昭和29年に、大評判になったポイントだ。役者が生足を素手でつかみ首に当てる。実の親子が恋人になりきっての熱演が、センセーショナルな話題に。さらに夜更け、天満屋を忍び足で抜け出し、花道まで走る。ここで二人の身体が入れ替わって、お初が先に立ち、徳兵衛の手を引いて花道を駆け込む。ここも、注目。戦後の女性進出の入口の時代、積極的なお初の行動が、これまでの控えめな女形の役割と違い新鮮な感覚で評判になった。

近松は、お初をつねに「死に前向き」な女として戯曲に書き込んでいて、決して古典の古さではなく時代を超えて共感を生む人間像に描いていることが、近松再評価の一つともなったのである。

そして、「この世の名残《なごり》　夜《よ》もなごり　死にに行く身をたとうれば　あだしが原の道の霜　一足《ひとあし》づつに消えてゆく　夢の夢こそ哀れなれ」。この名文で始まる「道行」は美しくもはかない恋人の姿が、絵のように闇夜に浮かび上がる。この世では解決できないことを、夫婦は二世《にせ》、つまり極楽からの転生に、夢を託して死んでいく。しかし、心中賛美ではない。刀で刺され悶え苦しむ女の姿、その脇差で自分の喉笛を斬る無残な男の姿もしっかり書き込まれている。息絶えた二人に、夜明けはやってくるのか……素敵な幕切れである。

『曽根崎心中』―教養のキ

金と恋。これは、歌舞伎でははずせないテーマだ。その代表が『曽根崎心中』。

金がなければ花魁《おいらん》や遊女にも会えないが、お初は下級遊女でまったく会えないわけではない。醤油屋の徳兵衛がなぜ金に困っていたか。友人に詐取されたと書いた。それは借用証を偽造されたからだ。相手は捺印しているが、その印判紛失届をすでに役所へ届け出た後の捺印なので、徳兵衛が印判を拾ったか盗んだことにするはかりごと。さらに書面の文字は友人が徳兵衛に書かせた。まさに詐欺だが役所（警察）は取り扱ってくれない。その金は醤油屋の婿養子になることが条件で親里に渡った金。それを取り返した日に、友人に貸してしまっていた。

お初のために養子縁組を断れば店にもいられず、その金も返済できないので死ぬしか道はない。単純に遊女だから金がかかる、貧しいから心中だという短絡的なドラマではない、義理や人情、徳兵衛の人間関係など細かく描かれている。

「暁の七つ時が　六つ鳴りて　残る一つが今生《こんじょう》の　鐘の響きの聞き納め　寂滅為《じゃくめつい》楽《らく》と響くなり」

近松が想像した若者たちの耳に聞こえている鐘。実際に舞台で遠くから響いてくる。徳兵衛25歳、お初19歳。ともに厄年の二人。こうした運命のいたずらも近松は見逃さず書き込んでいるのである。

歌舞伎で大ヒットしたため、人形浄瑠璃・文楽でも復曲され昭和30（1955）年に上演。やはり評判に。吉田玉男、吉田蓑助《みのすけ》の名コンビで海外公演もふくめた超人気作になった。女の人形には足がついていないが、縁の下の場面では欠かせない。近松の原作にもしっかり描かれている。そこで特別に足使いが足首を差し出すことに。歌舞伎から逆輸入された演出。どちらもハイライトシーンになっている。文楽から見るか、歌舞伎から見るか。見比べる楽しみがあるといえよう。

お初の足を取る名場面

第3章

歌舞伎の物語

歌舞伎の面白さの一つは、思いがけないストーリー展開と登場する人物像の多様さだ。「こんなことあるある」「自分だったらどうしよう」と、ハラハラドキドキ。大どんでん返しの内容もある、ミステリー仕立てや涙なくしてみられない……など、見どころ一杯。

もちろん、様式美を優先させる作品やレビュー感覚の舞踊絵巻もある。そのどれもが歌舞伎なので、2、3回見ただけで歌舞伎を見たつもりになり、退屈だったとあきらめてはいけない。この章では、読んだら必ず見たくなる演目をいくつかご紹介しよう。

①上司のパワハラ歌舞伎「馬盥」

タイトルは「ばだらい」と読む。令和2(2020)年の大河ドラマ『麒麟がくる』の主人公、明智光秀がなぜ「本能寺の変」を起こし、主君・信長を討ったかを納得させる作品だ。歌舞伎は歴史劇だが、上演した時代が徳川政権下。関係者もいるため実名は使えず、似せた名前になる。明智は武智《たけち》光秀、織田信長は小田《おだ》春永《はるなが》。秀吉は久吉。耳で聞けばモデルがわかる。

「馬盥」とは馬が水を飲む器。宴の席、これで光秀に春永が酒を飲ませるパワハラ歌舞伎。シンボリックな題名だ。この一連のドラマは『時今也桔梗旗揚《ときはいまききょうのはたあげ》』という。「饗応《きょうおう》」「馬盥」の場面で主君が光秀に恥をかかせ、「愛宕山《あたごやま》」の場で光秀が謀反の心を見せ本能寺へ出陣するさまを描くが、現行は「馬盥」一幕だけが多い。

すさまじいパワハラの始まりは、宮中からの賓客を春永が迎える「饗応」の場面。接待の責任者が光秀。春永から信頼されていることがわかる。太政大臣に出世した光秀がご機嫌で会場を下見に現れる。ところが屋敷に張りめぐらされた幔幕を見て春永が「切れる」。幕に染め抜かれた家紋が光秀の桔梗紋。春永の仮御殿に自慢げで手柄をひけらかすのかとなじり、高価な饗応の品々を足蹴にし、莫大な出費で準備したすべてを台無しにする。

さらに光秀の役を解任した上、怒りに任せ側近の森蘭丸に鉄の扇を渡し、折檻を命じる。蘭丸はためらったものの、主君の逆鱗が自分に飛び火しないよう、光秀の顔面を殴りつけ、額に大きな疵をつける。血が滴る向こう疵になって謀反の誘因材料ともなり、屈辱に耐える光秀の人相が凄絶となる。さらに、最近の態度は主君に対し諫言《かんげん》が多く高慢だとなじり、謹慎蟄居《ちっきょ》処分、自宅待機となる。

次が「馬盥」。場所は本能寺。春永陣営にとって大切な武将であり人徳ある光秀は多くの重臣によって赦免の願いが出される。また光秀の妹が生け花を献上し、再出仕を願う。

春永の栄達を祝う宴には、中国へ出陣している久吉（秀吉）からも花が届いている。その花器が馬盥。錦木が一本、その根締めに馬の轡《くつわ》を配してある。馬の轡取りから大将に出世させた恩を忘れない久吉の殊勝な心を春永は誉める。

このあと光秀の登場。許されて再び主君に拝謁できることを、素直に感謝し、花道に這いつくばる。春永は心開いて盃をくれるという。喜ぶ光秀。そこに出されたのが馬盥。謙虚な久吉に見習って、馬が水を呑む器に首を差し伸べ飲めと命ずる。万座の中とまどうが、主君の機嫌を再度損ねないよう、気持ちを抑え飲み干す光秀。春永はじっと見つめる。しかし満足せず、かねて光秀が望んでいた名刀を、わざと重臣の一人に贈り落胆させる。

イジメはまだ続く。光秀の領地を取り上げ、山陰に転封を命じる。左遷と減給処分だ。さらに中国出陣を命じるのはいいが、久吉の命令に従えと、馬の轡を投げ与え馬同様の扱いをみせる。春永はここまで幾重にもパワハラの嵐を吹き荒らすが、光秀は身を縮め恭順の姿でじっと我慢する。春永役者は光秀をいたぶり続け、異様なサディスティックさと陰湿さを演じてゆく。

ダメ押しは春永が、白木の箱に入った品物を茶の湯に通じる光秀に与える。どんな掛軸を下さったのかと、蓋を開けると、中には女の黒髪。「はてな？」と首をひねる光秀。ここがハイライト。光秀が越前の国で貧苦の浪人生活を送っていた折、客人をもてなすため妻が黒髪を売ってわずかな銭を得たことを春永が明かし、黒髪を買ったのは春永の密偵（スパイ）だったことを明かす。そんな困窮から救ってやったのは俺だ。それなのにお前は恩知らず、増長傲慢だと再びいじめる。春永の神社仏閣を焼き払うことに反対したり、残酷な性格を諫めてきたことをさしている。恥ずかしい過去の証拠とともに、万座の中で暴露され、繰り返し土下座をさせられる光秀の思い。昨年大流行した「半沢」ドラマに似ていないだろうか？

この場面の最後、一人花道を去ってゆくときの鬼気迫る雰囲気は「顔芸」ではなく「腹芸」という。「肚《はら》」とも書くが歌舞伎の演技術の一つで、役の性根《しょうね》を胸奥に据えるという約束事。懐に轡を入れ白木の箱を持ちかえるとき表情が変わる。凄まじいばかりの妖気が身体から立ちのぼり、足を速めて本能寺から去ってゆく。

幔幕事件、進物への足蹴、鉄扇暴力、雇い止め（レイオフ）、馬盥の酒杯、名刀譲渡、領地替え（左遷）、轡の恥辱、そして黒髪の真相……これでもかの積み重ねの上の「本能寺の変」。なるほどと納得する作劇術ではある。

「馬盥」――教養のキ

時は今　あめが下知る　五月かな

これは実在の光秀が作った連歌の発句。このあとに「水嵩《みずかさ》まさる……」と別の人が付け句をするのが連歌の遊び。これをドラマに取り入れ、梅雨時の「雨が下」を「天が下」、つまり「天下を取る」いまがチャンスだとの意味を与える。また「時は今」も、明智氏はもともと源氏の土岐《とき》氏の別れなので「土岐氏の光秀はいま、桔梗紋の旗揚げをするのだ」という意味になる。続く「愛宕山の場」はその連歌が使われ、謀反の決意を見せる。こうして他人から深く追い詰められた人間の激発は、現代に通じる構造。義太夫などの音楽性に頼らずセリフだけで心の中を表現して進んでゆく歌舞伎なのでわかりやすい。

また、久吉の花を褒めた春永は、光秀の妹が生けた花を見て、自分を見下す花だという。白い昼顔と浅く色づいた紫陽花の取り合わせで、美しい。しかし春永(小田家)は平家の血筋、白い花は源氏の色。将軍にふさわしくないとなじる証拠だという。また、紫陽花は色が様々に変わる花。心変わりしやすいとあざけっているともいう。光秀登場前だが、春永の猜疑心が強いことを表している。生け花だけで、解釈様々。うかつに花束は贈れない。

連歌や平家の色。こうしたことを知って、馬盥の場面を見ればより劇的内容が深まり、両者の演じ方の見比べが楽しみになるだろう。

②義理と人情、親子の情愛「引窓」

私が大好きな歌舞伎で、一度も期待を裏切られない一押しの作品が「引窓《ひきまど》」である。シンプルなタイトルだ。歌舞伎を初めて見る人は、幕が開いた瞬間「がっかり」するかもしれない。それは歌舞伎＝豪華絢爛というイメージと真逆の田舎家が一軒建っているだけ。舞台も質素。茶色だけの地味弁当と同じ色合い。しかし、この家の中で繰り広げられるドラマが深く心を打ち、必ず涙を流すだろう。それは逃亡する犯罪者をめぐる人間模様が無理なく理解できるからだ。原作は人形浄瑠璃で、義太夫の語りと太棹三味線の響きが役者のセリフや動きと混然一体となって心の葛藤を重層的に描き出す。

「人形浄瑠璃」という言葉に違和感があるかもしれない。「浄瑠璃」とは、人形のセリフを太夫が語る三味線音楽。昔、牛若丸と浄瑠璃姫の恋物語が有名だったので、「浄瑠璃姫の物語＝音楽物語＝浄瑠璃」と、その代名詞になった。第2章で解説した『仮名手本忠臣蔵』や『義経千本桜』などもそうだ。

歌舞伎にうつされ主要なセリフは俳優が語り、情景描写や深い心理を太夫と三味線が彩る。そんな浄瑠璃の代表が義太夫節なので、語り手を人形浄瑠璃・文楽では義太夫の太夫、歌舞伎では竹本の太夫と使い分けている。また、義太夫の作品が原作ですよというういい方で「丸本《まるほん》歌舞伎」ともいう。太夫・三味線は通常、舞台に向かって右側の「床《ゆか》」といわれる一段高い小さな細長い台の上で語り、演奏する。

さて「引窓」に戻ろう。この題名になっている窓は壁ではなく天井に開けてあり、屋根の勾配を利用して竹藪に囲まれたこの家の採光のためだ。縄（引き縄）がついていて日中は緩《ゆる》めて屋根の勾配を利用し板戸を滑り落として採光し、雨や夜には縄を引いて上げ閉める構造。これがドラマで大切な役割を果たすので見逃せない。

一家の主《あるじ》は与兵衛《よへい》、母親と美人妻の三人家族。亡くなった父の後を継いで、今日は役所に呼び出され侍分に取り立てられることに。母と女房は浮き浮きしながら帰宅を待っている。そこへ来客。立派な体格の相撲取りで濡髪《ぬれがみ》という。有名な人気力士だ。

実はこの家の老母の実子だったが養子に出して、自分は与兵衛の父と再婚した。与兵衛は実の子ではなく先妻の子で義理の仲。息子二人が二人とも出世して、老

引窓

母は幸せの絶頂である。その名も「お幸《こう》」だ。濡髪は長崎の相撲へゆくので別れに一目会いたいと母を訪ねてきた。

　舞台向かって右のほうに障子で囲った二階座敷、そこで料理を作る間くつろいでと送りこみ、舞台は無人になる。そこへ出世した与兵衛が、名を十字兵衛と父の名前を継承し戻ってくる。奥から顔を見せた女房と母は大喜び。しかし二階に濡髪が客でいることを伝えそこね、十字兵衛はその存在を知らない。十字兵衛はこの村の夜間警護を任され、十手を預かって来た。いわば夜間の警察業務だ。

　そのため、初めての仕事を依頼する武士を同道してきたので、座敷には誰も出ないようにと釘をさし、二人の女性は再び奥に。そこへ武士が上がりこむ。いずれも兄弟を殺されその犯人が指名手配になり、この辺にいるとの噂なので、夜間、取り締まってほしいという。同時に人相書《にんそうがき》を手渡す。

　このとき、母は別間の障子越し、女房は茶を出すため暖簾をくぐってきた。十字兵衛が「お尋ね者の名前は？」と聞くと相撲の「濡髪の長五郎」との答え。女房は湯茶をこぼし、母はぴしゃりと障子を閉める。侍が帰ったあと、母は手配書を見せてほしいという。特徴ある前髪と頬の黒子《ほくろ》が目印の息子の顔が人相書に描かれている。その様子を二階からうかがう濡髪。十字兵衛が気配に気づき、誰かが二階に忍び込んで「召し取らん」と立ち上がる。

そのとき女房が機転を利かせ引窓を閉める。家の中は真っ暗。咎《とが》める夫に「日が暮れた」といいわけをする。すると夫は、「日が暮れたら役人の役目だから怪しいやつを召し取る時刻だ」と言えば、女房が引き縄を緩め、再び窓を開け「あまだ日が高い」という。気勢をそがれ、とまどう十字兵衛に老母が人相書を売ってほしいと懇願する。差し出す金は極楽へ行けるよう寺で法要してもらうため貯めた金だ。そのことを知って、いぶかしむ十字兵衛。

ふと、この老母には実子がいることを思い出し「元気にしていますか」と聞けば、老母はこたえず「たとえ地獄に身は沈むとも今の思いにはかえられない」と血の涙を流して頭を下げるだけ。十字兵衛は、すべてを察し人相書を渡し、まもなく日が暮れるので周辺の見回りに行くといって、家を出る。この緊迫したやりとり。出かける息子に手を合わせる母。切ないドラマが展開してゆく。

二階で固唾《かたず》を呑み聞き耳を立てていた濡髪が飛び出して、十字兵衛に捕縛されようとするが、それを押しとどめる母。相撲取りと老母。力の差は歴然だが、弱弱しいやせた母の恩愛の力にはかなわない。「逃げてくれ」の言葉に屈し、目立つ髪型と黒子《ほくろ》を剃り落とすことを承諾する。

この後、濡髪が逃げてことなきをえたら、このドラマは、お涙頂戴の人情ドラマで終わってしまう。しかし浄瑠璃作品が深いと書いたのは、この後の展開ゆえなのだ。

すべて母の望むままに姿を変えた後、濡髪は正座して母にこういう。

「おかあさん、あなたは亡くなったこの家の主《あるじ》。先代の十字兵衛さんに、あの世で合わす顔がありませんよ」と。

「自分は実の息子だけれど、あなたは義理の息子のために生きなければいけない、手柄をたてさせるのが務めでしょう」と諭すのだ。

濡髪という相撲取りは出世した関取。強いだけでなく人格者。人を殺《あや》めたのも相手が悪かった。自首する覚悟で母に別れを告げにきて、却って悲しませてしまった。変装してまで逃げようとしたと思われたくないとも口にする理非を弁《わきま》えた人物だ。

母も反省する人物だ。「猫がわが子を咥《くわ》えて逃げ回るようなことをして恥ずかしい。人間はこうあってはいけない」と語る。そしてクライマックスが再び「引窓」。その縄で息子を縛るのだ。すると引窓は閉じられ、家族中の心は真っ暗闇になるという暗示でもある。

そこに十字兵衛が帰宅し、母を褒めた後、罪人を連行するといって屋根からつながる縄を切る。引窓がするする滑り落ち、窓が開く。外から月光が差し込む。十字兵衛は「夜が明けた　身どもが役目は夜《よ》のうちばかり」といって、濡髪を見逃し、濡髪は感謝の手を合わせて幕となる。

実際に照明で真っ暗にしたり月光が差し込むわけではないが、役者のセリフと、浄瑠璃の語りで家の中と家族の心の明暗が浮かび上がってくる構造。けだし傑作だと思う。

「引窓」―教養のキ

この家が淀川沿いの竹藪の中にあるところがみそ。八幡《やはた》の里といって石清水八幡宮《いわしみずはちまんぐう》のそば。ここは8月15日の「放生会《ほうじょうえ》」という行事で有名。ふだん魚鳥など命あるものを食べる罪から人々を救うため、小鳥や亀など小動物を逃がす民間信仰の場。「引窓」の出来事は、その前夜8月14日のこと。

夜が明けたと十字兵衛が言い放つ理由はふたつ。ひとつは14日の満月直前の月光の明るさで夜明けといいくるめたこと。もうひとつは夜が明けたことにすれば15日の放生会で「生き物」を逃がせる日。それにかけているのだ。八幡の里ならではの物語要件だ。女房は「さきほど真夜中の時刻をきいた」はずと真面目に告げると、「いや、夜明け前の鐘を聞いたばかりだ」とこじつける夫。その差は二刻、4時間余りの差がある（江戸時代、一刻は2時間なので）しかし十字兵衛は「残る二つ（二刻）は母への進上（贈り物）」という素晴らしい名セリフを吐く。

義理の母子と実の子と女房。犯罪それも殺人という重い罪を犯した人物をめぐる恩愛と義理の絡み合い。日暮れから夜更けの時間をこの家族とともに、ぜひ共有してほしい。

③侠気に生きる男と女『夏祭浪花鑑』

男伊達《おとこだて》、侠客《きょうかく》とよばれる「男」を売り物にする登場人物が歌舞伎には多く登場する。「助六」は江戸の男伊達。「御所五郎蔵《ごしょのごろぞう》」「幡随院長兵衛《ばんずいいんちょうべえ》」も同様。吉原などの花柳界で顔が利く親分。また、男ではなく女性を主人公にした「女伊達」という歌舞伎舞踊も人気がある。女性でも力強く男たちを投げ飛ばしながら、ちらりと色香を見せる。みな着流しに下駄履きで、手にするのは刀ではなく尺八。武器を持たなくても強いという象徴的な小道具だ。

この芝居「夏祭」は上方の侠客が主人公。それも親分ではなく下っ端で血気盛んな若者。いわばちんぴらのいきがり。でもかっこよく見える団七九郎兵衛《だんしちくろべえ》が主人公。魚売りだが身体に彫り物があり喧嘩早い。つい先日も傷害事件を起こし堺の牢に入っていた。それが許され解き放ちになる住吉神社鳥居前から始まる。髭ぼうぼう、げじげじ眉の団七登場。少しもかっこよくない。

先輩の侠客、三婦《さぶ》が迎えに来た。近くの床屋で着かえるうち悪侍に襲われた女が床屋に逃げ込む。追いかける侍の利き腕をひねりあげ団七が再登場。ここが見どころ。先ほどのみすぼらしい姿と打って変わり真っ白に紺模様を染めた帷子《かたびら》で髪も整え、髭も青々と剃り上げた二枚目。颯爽とした夏姿。助けた女の恋人は入牢の罪を許してくれた恩人の息子。この若いカップルのために、この後の幕で殺人事件を起こすというドラマが展開する。

　後半の眼目は、田んぼの中での殺人。人形芝居の原作ではできない泥だらけの殺戮《さつりく》。相手は、女房の父、義平次《ぎへいじ》。舅《しゅうと》に当たるが小悪党。団七が助けた女を誘拐した。団七はその駕籠《かご》を追いかけて止め、自分の顔が立たなくなるから返してくれと舅に頭を下げる。しかし、金目当ての舅は懐が苦しい。以前も婿の団七に仕事の邪魔をされた恨みもあり断る。

　すると団七は懐にある金を衣の上から触らせて、女を返してくれと懇願したため、義平次は納得し女を解放した。そのあとで当然、金を請求。団七の懐中の金は嘘。拾った石を手拭《てぬぐい》で丸めてごまかしていたのだ。ひらあやまりの団七に義平次は雑言を吐き、団七の雪駄《せった》で殴りつける。舅を偽ったことを申し訳なく思い、耐えてはいたが、額から血が迸《ほとばし》るのに逆上し刀を抜き、いつのまにか斬りつけていた。

　斬られたことに驚く義平次が「人殺し！」と叫ぶ。口を押さえる団七。もみ合いながら泥田の中に身を沈めてゆく。本当に泥田や泥水の穴をこしらえ義平次役者は、その中に消えてゆくのである。

この殺戮は延々と続き名場面になっている。まず、着ている団七縞とまさに役名から名づけられた茶色の太い格子縞の帷子が脱げ裸体になる。真っ白の身体に赤と藍色の彫り物、下帯は真っ赤。額の疵も真っ赤で生々しい。刀を振りかぶった姿、義平次をまたいで刀で突き殺すさま。太鼓の音に乗せて身体を反転させたり、見込んだりと様々なポーズ（型）を展開する。まさに錦絵だ。

背後では祭囃子が賑やかに近づいてくる。殺人と対照的な真夏の平和な祭り集団が神輿《みこし》や提灯を担《かつ》ぎ踊りながらやってくる。泥だらけ、血みどろの身体の団七は井戸から汲み上げた水を頭からかぶる。本物の水。みるみる身体が美しく戻り、脱ぎ捨てた帷子を頭上に放り投げ落ちてくる袖にすっと身体を差し込む。見事な技にも着目したい。群衆に紛れ父親殺しの罪におびえながら花道を走りこんでゆく。

手先が狂って舅を知らずに斬ったことから、殺す覚悟をするまでの過程が克明にわかる。殺してしまった後の身体に震えがきて、恐怖感、よろつく足元の演技と、鍔《つば》がガチャガチャわざと音を立てる鳴り鍔の刀にしてその小心さを表現する細かさ。ただ、ばっさり斬り殺す武士の芝居ではなく、庶民の暮らし、まさに世話場の殺しの細密な描き方が面白い。水をかぶる涼しさを味わえる、必見の夏芝居である。

「夏祭」——教養のキ

大阪は夏祭りが有名。6月30日の愛染院《あいぜんいん》の祭礼からスタート、もっとも有名な天満宮の天神祭《てんじんまつり》は7月25日、住吉神社の大祭が7月30日。大阪は1か月間、毎晩どこかの町内で祭りが催行されている。それがわかるのは囃子の音。京都祇園祭の「コンコンチキチン」という涼やかな音ではなく太鼓と鉦が「ガンガンジギジン」と濁音で響く。いかにも蒸し暑い浪花の夏にふさわしい音だ。

この事件は高津《こうづ》神社の祭礼の夜。囃子の音色を舞台で背景音楽として再現させ、殺人心理をあおる。また神輿の担ぎ声も江戸の「セイヤセイヤ」「わっしょいわっしょい」と歯切れ良いものではなく「ちょうさや　ようさ」と音を伸ばす。いかにも上方の芝居を見ている雰囲気になる。

そんな中、団七は男を立てるため、顔を立てさせてくれと舅に頭を下げるものの、その顔に疵をつけられ体面をつぶされての犯行となる。また団七の仲間、一《いっ》寸徳兵衛《すんとくべえ》も侠客だが、前の場面で団七とともに匿《かくま》うカップルのうちイケメンの若様を国元へ同道する役目を徳兵衛の女房お辰《たつ》が請け負う。しかし兄貴分の三婦が拒絶する。お辰は「わたしの顔が立たない、立ててくれ」と頼むと三婦は若い男と同道させるには「顔に色気がありすぎる」とその理由を言う。

そこでお辰は悩んだ末、炉端にある真っ赤に焼けた鉄の棒を手にし、自分の顔に押し付け大火傷《おおやけど》を負いながら「これでも色気がござんすかっ！」といって三婦を納得させるという、凄絶な場面がある。

お辰は侠客の女房、まさに「極道の妻」で「女伊達」の一人なのだ。顔が「立つ」よう、わが顔に火傷を負わせた。その名も「お辰」である。団七の額とお辰の頬。ふたつの血の色。どちらも侠気の色。対照的な効果を狙った芝居でもある。

④輪廻転生ドラマ『桜姫東文章』

歌舞伎は極彩色。人間関係もそうだが大道具も華麗だ。鎌倉長谷寺《はせでら》の桜満開の美術は、まばゆい色彩にあふれ、その中央にひときわ美しい桜姫が立っている。『桜姫東文章《さくらひめあずまぶんしょう》』という芝居の序幕は目を奪うきらびやかさだ。清楚な17歳の姫は、しかしこのあと出家をする覚悟。清玄《せいげん》というこれまた高貴で美男の住職に得度《とくど》の願いを出している。

ところが物語が意外な展開を見せ、姫は堕落して身を持ち崩し、なんと女郎にまで転落してゆくという、とんでもないストーリーが待ち受けている。同時に高僧の清玄も破戒し、殺され、その後も桜姫に取り付く妄執の亡霊となる。

きっかけは17年前にさかのぼる。清玄は白菊丸という稚児と相思相愛だが男同士は結婚できないうえ、仏道に反するため心中した。しかし清玄だけ死に遅れる。17年後、白菊丸の命日に出会った姫が、その生まれ変わりと知り、輪廻と成仏しない稚児の心根を悟る。

一方の姫はそんなことは知らない。実は左腕に刺青をしているという、とんでもない女性であることが判明する。刺青の柄は桜に釣り鐘。1年前に盗賊が入り、暗闇の中で純潔を奪われた。顔は見えないが逃げるときに男の腕にあった彫り物。男を忘れられず、その絵柄を自分で腕に刺青した。あろうことか、たった一回の姦淫で妊娠し赤子までもうけていたのだ。序幕のあの気品ある姫の「裸の事件簿」が判明する。イマドキの週刊誌にもない仰天人生。

その男は身分の低い悪党、権助《ごんすけ》。二人は再会し姫は男にゾッコン。この場面が煽情的。決して女優芝居ではできないエロチシズムに溢《あふ》れている。権助は姫の懐に手を入れ胸をまさぐったり、離れた位置から姫の股間《こかん》に足を延ばして左右に揺する。もちろん豪華な振袖の上からだが、なんともエロチックで、上品な姫が恍惚の表情で堕落する様を客席は唖然として眺めるという構図になる。

この権助、正体は泥棒で姫の実家から宝物を盗んだり姫の親殺しにもかかわっていて、結局は姫の刃に倒れることになるのだが、姫、清玄、権助の三者三様の転落人生と愛憎のすれ違いが泥絵の具で描いたように展開し、最後は血みどろ劇になってゆく。清玄と権助、同じ役者が二役演じるのもミソ。

「四谷怪談」を書いた鶴屋南北の作品らしく、頽廃的《たいはいてき》な人間模様と子殺しも含めた殺人事件が次々とおき、いまどきの長時間サスペンスドラマが薄っぺらに見えてくること間違いない。身分制度、お家騒動、三角関係、愛欲のすさまじい因縁話とともに、独特の南北世界に遊べる必見歌舞伎である。

『桜姫東文章』――教養のキ

お姫様は、ふだんから我々とは言動が違う。多くの腰元に囲まれ、入浴も着替えも食事も、そしてトイレでさえもあなたまかせ。それが普通で育っている。そんな中、桜姫は妊娠、出産、刺青をどうして隠しおおせたのだろう。それは乳母(局《つぼね》)の存在。実の母以上に物心つく前から傅《かしず》かれ、すべては姫のため、姫を守ることだけに専念する人物。秘密は腰元にも漏らさない。

盗賊に犯されたことは、権助がこっそり逃げ、姫が騒がなかったので露見していない。刺青は姫が自分でタトゥーを彫った。ゆえに未熟な構図で、権助は緑色の立派な釣り鐘、桜は紅でほどこされている。姫も同じ色を刺してはいるが稚拙な絵。のちに女郎に売り飛ばされたとき、ニックネームが「風鈴《ふうりん》お姫」というのもうなずける。

また、出産も乳母一人が取り上げ、その夜のうちに乳母の知り合いに里子に出され、その秘密は漏れていなかった。ありえないことだが、当時、深窓のご令嬢はかくあらんと江戸の人は納得してみていたのだろう。

「風鈴お姫」の場面で一番面白いのはセリフ。どんなに最下層の女郎に身を持ち崩しても、基本的教養や品は消えない。自分のことを「わたし」「おれ」などといわず「みずから」「わらわ」などという。それに加え下世話な女郎言葉も習得して混在させるセリフが絶妙だ。幽霊になって出現する清玄に怖がるどころか「これ幽霊さん　イヤサ清玄の幽霊どの　ちっとは聞き分けたがいいわな」と怒り出し「みずからをみくびって　つきまとうか。世に亡き亡者《もうじゃ》の身をもって緩怠《かんたい》至極《しごく》。消えてしまいねェよォ」と啖呵《たんか》を切る。「緩怠至極」は御殿などで叱りつける「無礼者め」的な言葉。この芝居の真骨頂がこういう場面に現れている。

陰惨な場面ばかりで、どんな結論？　と思うだろう。これまたびっくり、悪人は滅びて、姫の実家のお家騒動は一件落着。刺青、出産、女郎経験の姫は救出され、なにごともなかったかのような美しいお姫様姿に戻り、ハッピーエンドのびっくり展開。気持ち良く観客が帰れる歌舞伎システムだ。このへんもご都合主義と思わず、「お芝居」の嘘ほんと。それを楽しんでほしい。

歌舞伎は予習しなくても、なんの準備もいらず、親しめる大衆娯楽だが、知れば知るほど面白くなるのは、こうした「キ」があるから。講談や落語と同様、何回聞いても、何度見ても飽きない。これが古典芸能の力なのである。

第4章

歌舞伎のびっくり

スペクタクルとファンタジー

古くなった流行語に「びっくりぽん」がある。小学生向けの歌舞伎講座で「かぶきってなあに」という質問に、「劇」とか「芝居」という言葉を使ってもわからない。わたしが「びっくりぽん」っていう意味だよというと、大笑いしてすぐ話に乗ってくれる。

観客をあっといわせる演出、驚嘆させる趣向、豪華絢爛な大道具や衣裳、瞬間に男と女が入れ替わる技法、考えてみれば手を変え、品をかえ飽きさせない工夫が随所に凝らされているのが歌舞伎だ。そもそも「劇」とは激しいという意味がある「劇薬」の劇。心をわしづかみにする歌舞伎の激しい「びっくりぽん」を子供はもちろん、大人をも楽しませるスペクタクル性から紹介してみよう。

大ゼリ「金閣寺」

大道具の中でも、金閣寺そのものを舞台上に再現してしまう『祇園祭礼信仰記《ぎおんさいれいしんこうき》』。長い芝居だが、「金閣寺」の一幕だけ有名だ。襲名披露などに演じられる大作で、歌舞伎座のような大舞台では、ひときわ大道具が映える。出現したとたん「わー」と声なき声が客席にあふれる。満開の桜のもと、中央に金色の金閣寺。左手に滝、右手に廊下続きの別棟が見える。

ここは天下乗っ取りをねらう松永大膳という悪者の住家になっていて、雪姫という美しいヒロインが幽閉され、それを羽柴秀吉に当たる真柴久吉が信長の命を受けて救出する物語だ。大膳は「国崩《くにくず》し」という存在感ある風貌を持つ存在。雪姫は女形の大役で、久吉はさわやかな二枚目役である。三人主役の競演が見もの。

肝心のスペクタクルは、金閣寺がセリ下がり上階が出現する。そこには足利将軍の母も幽閉されていた。「猿」のように身軽な久吉が金閣横に聳える大木をよじ登っているうちに金閣寺が沈み込み、回廊にひらりと飛び移る。人質救出の後、再びセリ上げて元の姿に戻る。

このセリ上げ、セリ下げを見るだけでも面白いが、いくつか奇跡の場面も仕掛けられている。雪姫は雪舟の孫。絵師としても才能があり大膳が誘拐したのは天井に龍の絵を書かせるためだ。その龍の姿の手本が見たいと雪姫が言えば、大膳は名剣を持ち出し、左手の滝壺の前ですらりと抜く。すると滝の中に龍が出現し、滝登りを見せる。この名剣は雪姫の父、雪村《せっそん》が所持していたが大膳が殺して奪ったのだ。父の仇《かたき》と斬りかかる雪姫だが縛られてしまい、桜の木につながれる。ここからもう一つのミラクル場面が起きる。

昔、雪舟が蔵に縛られて閉じ込められた寺の小僧時代、床に描いたネズミが動き出して縄を食いちぎった奇跡を雪姫は思い出す。自分にその血が流れていると信じ、涙を墨に、足の指を筆に見立てて舞い散る桜の花びらの中に、全身全霊を込めて鼠を描き気絶する。すると、桜の中から二匹の白鼠があらわれ姫の縄を食い切る。気が付いた姫が振袖で鼠を打つと空中で一瞬にして桜の花びらに変わる、ファンタジックな美しい場面が展開する。

　金閣という建造物、桜、そして龍やネズミの不思議。こうした仕掛けのあれこれを読んだだけで見たくなること請け合いだ。

大ゼリ──教養のキ

　大道具を飾るというが、平舞台の上に設営するのではなく、地下空間の奈落まで利用し、それをセリ上げ、セリ下げる舞台機構を考案したのは並木正三《なみきしょうぞう》という作者だ。芝居小屋の下を深く掘り、巨大な地下空間をつくり、舞台に四角い穴を切り、それを上下させる機構を考えた。

　同時に回り舞台を考案したのも並木正三。１７５８年と記録に残っている。自分の作品上演のため舞台を丸く切り取り、前半分と後ろ半分に別々の大道具を立

大小、様々なセリを持つ歌舞伎座の舞台　©松竹（株）

て、素早く場面転換したのが話題になった。大阪道頓堀の角の芝居（角座）でのことだ。「セリ」や「回り舞台」が大阪発祥なのは、大阪城を徳川方が攻めるとき地下道を掘り進んだ、その技術者がいたためといわれている。

現在の歌舞伎座には小さな梅、中くらいの竹、横に長い松、そして大ゼリがある。また花道にも小さな切穴があり「すっぽん」と呼ばれる。舞台がすぽんと抜けるからとか、すっぽんが首を出したりひっこめたりするように見えるからという説もある。電気のない時代、人力で大掛かりな転換を見せた日本人の知恵だが、いまでは世界のステージに広がっている。

がんどう返し「弁天小僧」極楽寺山門

鎌倉の極楽寺《ごくらくじ》が、とんでもない変化を見せる。より大掛かりな舞台転換を楽しむ芝居を紹介しよう。この場面は、弁天小僧が悪事露見し捕り手に追われ、極楽寺の大屋根で立ち回りを見せるところから始まる。瓦葺の広い屋根。背後にそそり立つ急傾斜の棟。ゆったり斜めに下がった空間で滑りそうになりながら、捕り手に囲まれ刀を振り回し、スピーディーなチャンバラを見せる。しかし、もう逃れることはできない運命を悟って、潔く自らの腹に刃を突き立てる。立姿のままそれを見せるので、「立ち腹」などといわれる。

すると、屋根が後ろに倒れ始めるのだが、弁天役者は足元が斜めになってもぎりぎりまで立っている。いつしか屋根の庇《ひさし》のむこうに姿を消す。ここまでで90度倒れたことになる。立っていた屋根のはずが、その裏は花霞の青空に変わる。すると極楽寺の山門の上部が見え、全体がせりあがってくる。

まず欄干に囲まれた二階部分が出現。そこに弁天小僧の兄貴分で白浪五人男のリーダー、日本駄右衛門《にっぽんだえもん》が悠然と座っている。ここでも立ち回りを見せ、軽くあしらったあとに欄干に足をかけ、「麗らかなながめじゃなあ」となると、山門がさらにせりあがる。また手前にある小さなセリも同時にあがり、青砥藤綱《あおとふじつな》という立派な武士の姿が見える。上には駄右衛門、下には藤綱。上と下でにらみ合い、駄右衛門が縄にかかる覚悟を示し、幕となる。

実際の極楽寺は、茅葺屋根に白木造だが、歌舞伎は極彩色の赤や金で豪華絢爛。大屋根のあおり返しから連続する、超ド級スペクタクル。目の中は「ザ・カブキ」の華やかさで必見。

がんどう返し——教養のキ

大屋根のあおり返しとか90度後ろに倒れるなどと書いたが、歌舞伎の専門用語では「がんどう返し」という。「龕灯」という文字を当てる。これは、いまの懐中電灯。メガホンのような口の広がった金属製の筒の中に蝋燭が納めてある。手に持ち闇を照らす道具だが、蝋燭が振り子のような回転軸の仕掛けで倒れないよう、筒をどんな角度にしても垂直を保っている仕掛け。あおり返しても、しっかり炎が立って先

がんどう返し

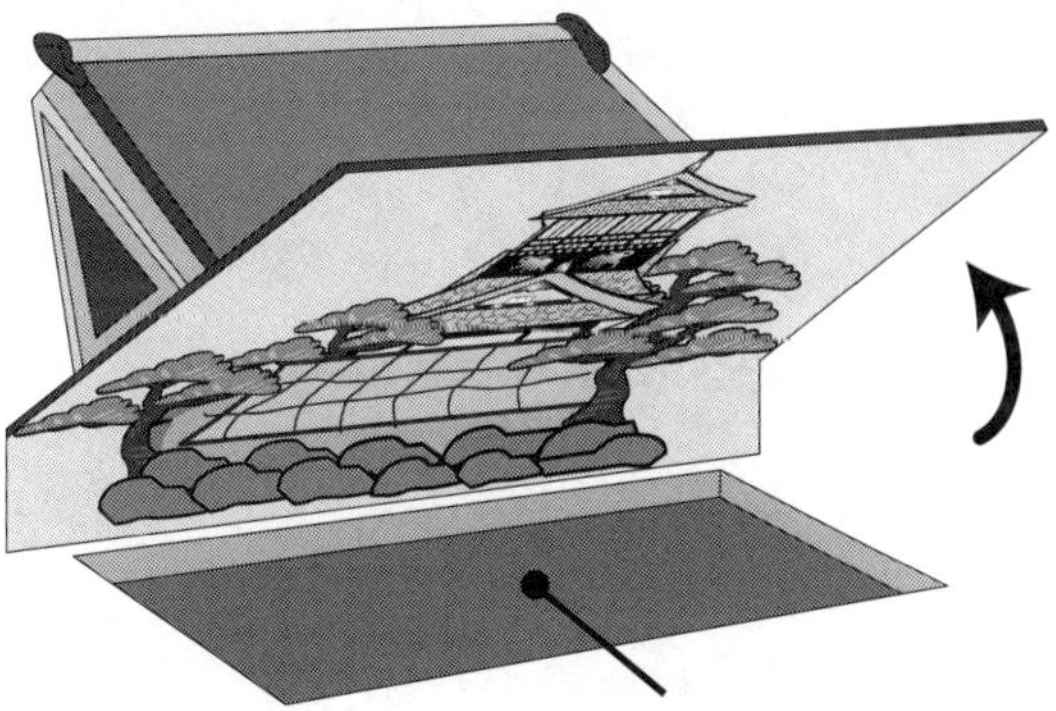
この大ゼリから極楽寺山門が
セリ上がってくる

を照らす仕組み。弁天小僧は屋根が傾いても、ぎりぎりの角度までこらえて立っている姿がまさに蝋燭のように見えたのかもしれない。庶民の道具からきた仕掛けの専門用語だ。

似たような言葉で「どんでん返し」がある。物語の最後で悪人が善人に変わったり、逆転ホームランのような結末をいう日常的な日本語だが、このがんどう返しから転じたという語源説もある。さらに、大道具が後ろに倒れこみ変化するとき黒御簾《くろみす》（お囃子の場所）から、大太鼓を「ドンデンドンデン」と打ちならすことからきた言葉という説もある。いずれにしても、歌舞伎からきた日本語は暮らしに生きている。

屋台崩し『天竺徳兵衛韓噺』

妖術使い、忍者、化け物は不思議な力を発揮する。ハイテクの装置や音響、レーザー光線、マッピングシステムなど、現代のエンタテイメントの世界では、これでもかとびっくりさせてくれる。しかし歌舞伎は素朴な技、手作業でこのような効果を300年前から磨き上げてきた。

天竺徳兵衛《てんじくとくべえ》は実際にいた商人だが、天竺とあるように、庶民が往来できない異国との交易で有名になり、芝居のキャラクターにもなってしまった。物語は善良そうな船頭、徳兵衛が珍しい異国の体験談をするために招かれた館から始まる。その家の主夫婦が3歳で別れた実の両親であることが発覚する。しかし、父はお家騒動の責任で切腹、いまわのきわに異国生まれで日本に恨みがあり、徳兵衛がその遺志を継ぎ日本転覆をはかることを願い、ガマの妖術を授けて死ぬ。そこに襲い掛かる人々。

ここがスペクタクルの始まり。舞台中央で徳兵衛は指を重ねて印を結ぶ（忍術使いのドロドロと同様）。呪文は「ハライソハライソ」と、いかにも異国趣味だ。すると、この御殿が崩れ始める。柱が折れ、襖が裂け、瓦も落下し、目の前の大道具が細かく壊れてゆくのが面白い。これを「屋台崩《やたいくず》し」という。お囃子も派手で轟音を立てて館が崩れ落ちるうちに徳兵衛は行方不明に。舞台は御殿を押しつぶした大屋根だけに。

するとそこに、巨大なガマガエルが登場。ガマの妖術が招き寄せたカエルに、人々は恐れおののく。その背中に上るのが、天竺徳兵衛。ガマは目がきょろきょろ動いたり真っ赤に光ったり不気味。口を大きく開けて毒ガスを吐く（白い煙）大音響と照明が交錯する中、徳兵衛は父親の首を咥え、見得を切って幕となる。

『天竺徳兵衛韓噺』──教養のキ

不気味なガマガエル、それも巨大なものは気味が悪い存在。それを自在に操る主人公は徳兵衛だけではない。少年時代に「児雷也《じらいや》」という漫画を読んだ人はなじみがあるだろう。

「自来也」と書く場合もあるが、天竺徳兵衛と同じくガマの妖術を使う盗賊である。この芝居には大蛇丸《おろちまる》、綱手《つなで》というキャラクターが出てくるが、大蛇丸は名前の通り蛇の妖術で、綱手はナメクジの術をつかう。この三つの小動物は「三すくみ」といわれ、蛇はナメクジに弱く、ナメクジはガマ（蛙）に弱く、ガマは蛇に飲み込まれる天敵というパワーバランスになっている。世界的ヒットの漫画『NARUTO―ナルト―』では、蝦蟇仙人《がませんにん》と呼ばれる自来也と、大蛇丸、綱手の三人が採用されている。歌舞伎化もされたが綱手は女形が演じていた。

天竺徳兵衛の物語は、このあと早替りで次々に正体を変えて妖術を駆使する場面などが待ち構えているので、スペクタクル性とファンタジー術のあれこれをお楽しみに。なお「屋台崩し」が見られる芝居は「将門」「NARUTO」などがある。

早替り「お染の七役」

天竺徳兵衛は様々な人物に早替りすると書いたが、歌舞伎のびっくり演出の一つは早替りである。素早く衣裳、鬘《かつら》を変えるだけではない。男女や年齢、職業が違う人物にすっと入れ替わらなければ、着せ替え人形でしかない。歌舞伎の面白さは、恋人役を一人で演じ分けたり、「共演」もできるマジックを使うところだ。一番いい例が「お染の七役《ななやく》」。お染が7回化けるのではなく、お染・久松という有名カップルの芝居の登場人物を、一人の役者が7種類演じ分けてゆくというもの。

まずは油屋という大家の娘、お染。その恋人に油屋の使用人、丁稚の久松。お染の母、久松の姉、久松の許嫁、芸者、男勝りの伝法な女、の七役だ。男は一人だが二枚目の優男、色気も必要なので女形が演じるにふさわしい。順番に変わるのではない、序幕、二幕目などはくるくる入れ替わり、お客は大喜び。その変わり身の早さと、役の個性の違いをしっかり演じ分けるので、お客は舌を巻くのだ。母は眉を落とした大家の女主《あるじ》。久松の姉は御殿女中。みんなキャラが違う。衣裳も振袖があれば粋な芸者姿、許嫁は村娘だ。

どうやって化粧を変えるのか？　基本的には白塗りだが眉のあるなし、紅をさす、ささないなどがある。鬘、衣裳、履物の外見。その早こしらえには人海戦術。たくさんの人にそれぞれ待ち構えてもらい、舞台裏を駆けながら身に着け、たとえば花道から登場する鳥屋《とや》という部分まで走り抜け、そこで鏡を見て顔を直したり、茶店の裏で娘から男、ふたたび娘と変わったり回数にすると何十回と繰り返す。

この早替りで一番の見どころは、1秒かからず観客の目の前でお染から久松に変わる場面だ。よく見ていてもわからない。傘をさしたお染が、向こうからくる久松と出会う。傘の中で抱き合い、顔をこちらに向けるとお染。再び傘に身体を隠しくるりと一回転すると、頬かむりをした久松に変わっている。ここが、目をぱちくりさせるところ。久松は、雨よけとして身体に茣蓙《ござ》のようなもの「糸立て」を巻く。これには秘密が。

ここの場面を「昆布巻き」と通称する。糸立ての裏に、着物を縫い付けておき反転し巻き付けると身体が覆われるといえば、ヒントになるだろうか。傘の中で鬘を変えるだけ。とはいっても、役者の腕がものをいうし、顔を見せないスタントマン（吹き替え）と息が合わなければいけない。この場面は吹き替えを3人使って、何回も入れ替わる姿を見せる。許嫁の田舎娘も冒頭登場するので、一人三役をこなしながら、最後は涼しそうな浴衣を着て粋な姿を見せる伝法な女、眉のないお六に。

つまり、四役目でしめくくる舞踊仕立てのショー場面だ。主役の体型や背の高さ、ちらりと見えるうなじやあごの線がそっくりな人がいるので、どれが吹き替えかわからない。吹き替えらしく振る舞って顔を見せ、客の期待をいい意味で裏切り、拍手となることも多い。いわば人間マジックだ。

早替り——教養のキ

こうした早替りを楽しむ芝居はほかにもあり、変化《へんげ》舞踊というスタイルで「七変化」「三変化」を一人で踊りぬく演出も江戸時代末期に流行した。その中から「越後獅子」や「藤娘」など、単独で踊られるようになったものもある。芝居では「伊達の十役」が人気ある。伊達騒動をベースに怪談話をないまぜにして十の役。

どちらかといえば「お染」と逆で、立ち役が活躍するが「先代萩《せんだいはぎ》」の乳母、政岡や花魁の高尾太夫など女形の大役も入っているので、演ずる側は大変だが、楽しみは10倍。これも殺す人、殺される人、裁く人、裁かれる人の演じ分けが見どころで、観客がよく知っている「先代萩」「累《かさね》」の世界をじっくり演じてゆく。名作のエッセンスと娯楽性を合わせて味わえる作品である。

宙乗り『義経千本桜』「四の切」

名作の一幕だが、わたしが初めて見たときは身体中総毛だつ興奮を覚えた。なんともいえない「びっくりぽん」の血が駆け巡ったので、書き記したい。それは「宙乗り」という演出だ。ミュージカルのフライングとは違う。ワイヤーを隠そうともせず、みんなの見ている前で装着。身体に着けた連尺《れんじゃく》という江戸以来の仕掛け。

さあ、これから宙乗りですよとわかっていても、劇場の三階席の高さまでスーッと上がってゆくとき、振り仰ぐ視線の変化とともに、期待以上の高揚感が身に湧き上がる。決して「宙づり」ではなく「乗る」という文字がぴったり。狐に化身した主人公がゆうゆうと天空に去ってゆくさまを演じてゆく。大切な鼓を抱きしめて嬉しさを表現。だらんと下がっていた足を後ろに蹴りだし。水平飛行。そのまま消え去るかと思いきや、再び客席近くに下がってきて、そこから身体中躍動させ再び上がってゆく。空中で狐を模して丸めた手先で空を掻くように、三階席上部にはいってゆく。いままで見下ろしていた二階席、三階席の観客の目の前を通過してゆく。まさに「乗る」演技。ワイヤーは電動ではない。すべて手作業。役者の演技に合わせ狐が飛び込む三階席後方の空間で操作している。江戸時代からの伝統の技。

「宙乗り」に感動したのは、この幕の進行すべてが幕切れに向かって、不思議が積み重ねられてゆくからだ。義経の家来、佐藤忠信が怪しいと疑われ、問い詰められ自分の正体は狐だと明かした瞬間、床下に落ち、3秒後、忠信の姿から白い毛の狐衣裳にぱっと変わって違う場所から登場する。

さらに狐のような様々なアクション（細い欄干の上を器用に歩いたり、庭先から座敷まで身体一回転で飛び乗ったり）や発声（コーンという高音の鳴き声やコンコンという犬のぐずりのような工夫）でのセリフで身の上話。親孝行の話に義経が聞き入る間に垣根に飛び込んで消え、再び現れるときは天井裏から飛び出るといった曲芸まがいの動き。

たんに技を見せるだけでなく、常に親子愛の物語が基本であることを一貫させ、それに感じ入った義経が大切な鼓を狐にプレゼントするという流れ、そのあげくの宙乗りなので高揚感が増すのである。こうした不思議な演技を「ケレン」というが、ケレンを使う意味が十二分にある古典の名作なのである。

宙乗り──教養のキ

「四《し》の切《きり》」とは、『義経千本桜』「四段目」の「切場」(曲中の最重要場面)の略称で、人形浄瑠璃の多くに四段目の切場はあるが、特に有名なので代名詞になっている。

「宙乗り」は、ほかの歌舞伎でも多く使われるが、『加賀見山再岩藤《かがみやまごにちのいわふじ》』では悪人の女性、岩藤が成敗され野晒《のざらし》で葬られた場所で使われる。暗闇の中で散乱した岩藤の骸骨がひとつに集まり立ち上がる「骨寄せ」がまずケレンの見どころ。青白い炎が燃え人魂が登場。すると骸骨が岩藤の恐ろしい亡霊姿に変わる。薄気味悪い見せ場。その瞬間、場内ぱっと明るくなり桜満開の春景色に変わる。

舞台上手から、日傘をさして美しい姿に変わった岩藤が宙乗りで登場。黄色い蝶を扇子で優雅に追いながら、春の空中散歩を悠然と楽しんでいる。この宙乗りが「ふわふわ」と通称されるのも納得。「再岩藤」と題名にあるように、岩藤が出てくる芝居の続編で、ゾンビが生き返り復讐劇が始まることを暗示する。こう書きながら見たくなるワクワク場面だ。

「宙乗り」の技術はすばらしく、天馬にまたがった恋人同士という豪華版は『當《と》世《う》流《りゅう》小栗判官《おぐりはんがん》』。凧に乗った主人公が凧から落下して観客を驚かせ、かわりに差した傘で無事着地というサスペンス宙乗りは『菊宴月白浪《きくのえんつきのしらなみ》』。

盗んだ葛籠《つづら》だけが空中に浮かび上がり、一番高いところになったとたん、葛籠が二つに割れ中から石川五右衛門が登場、いつのまにか葛籠を背負った姿になっている『金門五三桐《きんもんごさんのきり》』。葛籠に身を潜め、暗闇の中、上昇して「宙吊り」に。三階席の高さで急に視界が広がるので、そのあと「宙乗り」をする役者は恐怖感でいっぱいというスリリングもの。そのほかにクロス宙乗り、三階席から登場する宙乗りなど、多彩な演出が新作歌舞伎もふくめ様々に工夫され、そのバリエーションは豊かだ。

引き抜き『京鹿子娘道成寺』

歌舞伎の魅力は衣裳の色彩、デザインの美しさと役柄に合わせた奇抜性がある。その代表的舞踊作品が、長唄の『京鹿子娘道成寺《きょうがのこむすめどうじょうじ》』。桜満開の紀州道成寺で白拍子という、中世の舞姫、女性芸能者が一人で踊りぬく大曲である。上演時間は1時間以上もある。美しく踊り上手の女形芸を飽きさせずに味わえる工夫の一つが衣裳の変化。振袖でしっかり帯を結んだ姿を次々変化させる。帯を解いて着替え、さらに帯を結び直すのに、数分はかかる。しかし、舞台で踊っているさなか、観客の前で一瞬のうちに衣裳替えをみせる「びっくり演出」がある。それが「引き抜き」という手法。

帯はそのまま、上半身の衣裳を上へ、下半身を下へ引き脱がすという裏技。つまり、1着の衣裳を上下二分割して剥ぐと下の衣裳が現れるという仕掛け。しかし、腕を通している袖は抜けない。ここがポイントで袖は裏と表に二分割してあり、袂の下半分を縫い合わせるのだが、わからないように生地と同色の太い糸で荒縫いする。縫い終わった糸は結び止めしない。糸を通してあるだけ。縫い始めの糸の頭を丸くつかみやすいよう玉状にしてある。その玉を握ってスーッと引くと前後ばらばらになる。これが「引き抜き」である。

何本もの糸を、後見が観客にわからないように抜いてゆくのだが、実は踊りの振りの中で役者自身も抜いて協力している。さらに胸元の帯の下に着込んでいる上半身部分も踊りながら抜いているが、両手で胸を抱く振りなのでわからない。

京鹿子娘道成寺の一場面

振り上げた袖は鱗模様

曲の切れ目で役者と後見が、えいやっと抜くと、瞬時に全く違う色の衣裳に変わるので、大拍手。役者とともに心の中で踊っている後見の役割が大きい。

娘道成寺の衣裳は、花道の登場では黒、本舞台での踊り始めは赤、次が水色、桜色、藤色、紫、黄色、白と銀、最後に再び赤と変わる。柄は基本的には枝垂桜《しだれざくら》だが紫は絞り文様、銀は鱗模様など変化もある。帯は黒が基本だが、帯そのものを替える場合もある。衣裳替えは一瞬に引き抜く場合のほか、途中で舞台袖に入って短い時間で変化させる場合や、黄色から白銀にかわるとき、前に動きながら衣裳が後ろにスーッと脱げてゆく演出もある。これは蛇が脱皮するさまを現すともいわれ、最後は怨念が蛇体に変化することの暗示になっている。

役者側の口伝（芸の心の言い伝え）によると、衣裳の色がそれぞれの場面のテーマ、振袖の色に合わせて踊るべきともいわれている。いわば、娘の恋心をカラフルな色の振袖で表したカブキファッションショーを楽しむ作品ともいえるだろう。

「引き抜き」以外には「ぶっ返り」という手法もよく使われる。人物の正体露見の折、「見顕《みあら》わし」の場面で利用される。「関の扉《せきのと》」という舞踊で緑色の素朴な姿をしている関兵衛《せきべえ》が、娘道成寺と同様、肩、袖の線に沿って「引き抜き」の糸が仕込まれ、抜くと黒色で重い裏地がパラリと前に垂れる。髪型も頭巾を飛ばすと総髪のビッグサイズにかわって、隈取の顔とともに大人物に見え、国の転覆を狙う大伴黒主《おおとものくろぬし》という悪役の正体を見せる。

口を開けると舌を真っ赤に染めていて、火炎を吹くがごとく。衣裳の変化とともにキャラクターがらっと入れ替わるのである。ぶっ返った衣裳は足元まで隠れる大きさでふわっと広がり、後見が後ろを持ち上げると大きな衣裳全体が額縁のようになり、強大なクローズアップ効果。額縁と書いたのは衣裳の隅が紫と白のだんだら模様で、その直線に囲まれて見える仕組み。これも江戸時代からの見事な演出。後見の役割が大きい。当然、バッタリとつけ打ちの音が響き、大見得《おおみえ》が生きる場面だ。

舞踊だけでなく、時代物の男のドラマの幕切れのド派手演出に採用され、黒主の黒無地とは違って金襴緞子《きんらんどんす》、ゴールドオレンジ系、大柄の文様入りなど、主役級の何人もが次々ぶっ返りを見せる芝居もたくさんある。「ぶっとんで」感動してほしい。

本水『怪談乳房榎』

「金閣寺」には滝が流れ、そこに龍が出現し滝登りを見せると書いた。「鳴神《なるかみ》」という芝居も同様、滝壺に封じ込めた龍が昇天してゆく場面があるが、どちらも描かれた滝。本物の水は流れていない。道具や衣裳が濡れてしまうから本来、歌舞伎では液体は使わない。しかし「夏祭」の項目で泥だらけになって殺人を犯した団七が井戸の水（本水《ほんみず》）を何度もかぶり、刺青の裸体をきれいにする見どころを書いた。本物の泥と水を使う演出。真夏の芝居で観客に涼しさを感じさせる効果を狙った。

夏の涼しさは「怪談もの」でぞーっとさせるが、本水を組み合わせたのが『怪談乳房榎《ちぶさのえのき》』。見ものは滝に本物の水をこれでもかと流れ落とし、その中で殺しが展開する。殺す悪者と、殺される人間が一人二役。「お染の七役」と同じように吹き替えのスタントマンを使って、器用に入れ替わりながらドラマがスピーディーに進む。水で滑ったり、泳いだり、飛び込んだり、上部から流れ落ちるのとは別に、舞台上滝壺が設営され、水しぶきが客席までかかる。

前列の観客にはビニールシートが配られ、水が飛んできそうなときはさっと上げてビニール越しに見物。これを知っている人は上等な着物は着てこない。遊園地感覚で楽しめる。三役目の幽霊が悪者の力を封じ込め、めでたしめでたしの敵討ち成功だが、夏休みの肩の凝らない娯楽作だ。本格的な水を利用した演出のクールスペクタクルでもある。

本水─教養のキ

江戸時代からの演出「本水」。ほかには「鯉つかみ」。鯉の化け物と勇者が、やはり湖の中で争いを見せる。様々な大きさの鯉の作り物と格闘する。一匹の鯉の化け物だが、放り投げるときはやや小ぶり、がっぷり四つに組むときは中に役者が入っている特大くねくね鯉。尾びれ背びれで水を客席に振りかけるので、「キャーキャー」状態になる。ちなみにラスベガスで上演したときは、ベラージオホテルの有名な噴水池を利用した。

また江戸歌舞伎の人気作「助六《すけろく》」は遊郭の吉原が舞台。滝などは流れていない。助六が盗まれた刀の行方を捜すため隠れる場所が大きな天水桶《てんすいおけ》。本物の水が張ってあり、手桶を頭からかぶり、潜水具代わりにして豪華な衣裳のまま潜る。そのときザーッと水が舞台に流れる。これは季節に関係ない。「あーっ」という声が上がる。恋人の揚巻《あげまき》は、豪華絢爛の裲襠《うちかけ》姿。それも水で濡らしてしまう。やはり「えーっ」と客席の声。「水入りの助六」という、特別演出のときに見ることができる贅沢タイム。ちなみに、冬場演じても湯は使わない。湯気が出るし、かえって役者が風邪をひくとか。常温の水入りだ。裸で立ち回りする夏芝居とは違う味わいがあるだろう。

観客の体感、生理に直接訴える本水演出は「ワンピース」「NARUTO」など新作歌舞伎でも多用されている。

雪かご「新口村」

歌舞伎に四季の季節感は欠かせない。春は桜、夏は月、秋は紅葉に冬は雪。とりわけ真っ白な雪景色は、美しさもあるが寒さを教えてくれる。「新口村《にのくちむら》」は公金横領で逃げ回るカップル、梅川忠兵衛の物語。金融事件なら懲役で済む？　それは今の考え。当時は死刑。忠兵衛のふるさと大和（奈良県）の村まで逃げてきた、実の父親に一目会いたいからだ。

降りしきる雪。派手なお揃いの着物を着ているが、寒さで手先が凍えお互いに温め合う。みじめな逃亡生活とひと時のぬくもり。念願の老父とも出会い束の間、抱き合うが、追手の声が聞こえ裏の竹林に逃げてゆく。見送る父。二度と会えない息子との別れ。どんどん、どんどん雪が降ってくる。雪の野良《のら》が広がる中ぽつんと一人年老いた父がすべって倒れ伏す。逃げのびてくれよと手を合わせる姿に雪が降りかかる。一体の地蔵姿になって幕が閉まる。降りしきる雪が、家族の悲しみを積もらせてゆく。雪が一緒に芝居している名場面だ。もちろん白い紙なのだが、観客は冷たさ、寒さ、わびしさを実感する。

舞台真上《まうえ》に「雪かご」という竹籠《かご》が吊ってあり、つながっている紐を引くと左右に揺れ籠目《かごめ》から雪が降り落ちる単純な仕掛け。強く揺らすとたくさんの雪が降る。ときには塊になっても落ちてゆく。貴重な共演者でもある。

雪かご―教養のキ

雪の場面は、「忠臣蔵」の「討ち入り」。雪の中、傘を差した白無垢花嫁姿の「鷺娘《さぎむすめ》」。その名の通り「吹雪峠《ふぶきとうげ》」は、雪に閉じ込められた山小屋で女房に逃げられた男が、女房と一緒に逃げた弟分の渡世人の二人に出会う奇遇の物語。「佐倉義民伝」は、死を覚悟で江戸へ直訴にゆく農民の代表、宗五郎《そうごろう》に「父上っ」と取りすがり、雪の中で転げまわる息子との涙の別れ。観客は寒くもないのに、鼻をすすりながら、いつしか涙を流している自分に気づく名場面。雪の効用だ。

この雪かごに花びらを入れると、春の芝居。同じ道具名が「花かご」に変わり、花びらを「散り花」という。「金閣寺」が代表。これでもかと桜が舞い落ちる。そこに白鼠を雪姫が描く芝居だった。桜色に染めた花弁は一枚一枚、桜の花びらの形をしている。コロナが終わり客席に舞い散ってきたら、ぜひお土産にしたい。面白いことに『京鹿子娘道成寺』では花は降らせない。花びらが舞うさまを目で追って、振袖でかき集め、それを丸めて手まりをつく。花の鞠。役者の踊りや視線から想像することで恋に浮き立つ春景色が展開するのである。

雪と同様、別れの桜は「荒川の佐吉」。自分が育てた盲目の少年との別れ。隅田堤の朝桜。涙をこらえ桜を見上げる。「やけに散りやがる桜だなあ」、観客は涙、涙。「番町皿屋敷」の山王下。幕切れに旗本の貴公子、青山播磨の肩に桜が散りかかる。「散る桜にも風情があるのう」、春をめでるのどかさだが、次の場面で愛する女性の命を自ら奪う予言でもある。「荒川の佐吉」「番町皿屋敷」、ともに真山青果の書いた桜の名セリフである。

以上、スペクタクルとファンタジーの仕掛けの一例。心憎い歌舞伎の知恵である。

第5章

歌舞伎の人気　役者の力

千両役者と大根

音楽の世界ではヒットチャートがあり、ＣＤ売り上げ数や配信数、コンサート動員力などで、今どきの人気がわかる。俳優やタレントは好感度調査やＣＭ契約本数、レギュラードラマの数などで判明する。江戸時代、娯楽の王者は役者。今でいえば歌舞伎俳優だ。当時の人気を知る資料は役者絵の多さや「役者評判記」で知れる。

この評判記は、関係者の座談会形式、チャットのやりとりのような記録である。演劇評論家のような署名記事ではなく、通人《つうじん》、贔屓《ひいき》、ご隠居、文化人、旦那衆などが役者や芝居の出来栄えを論じあった記録。江戸、大坂、京……様々な都市での記録は膨大な数。それも毎年発行されていた。面白いのは成績表がついていることだ。大吉や吉はわかりやすいが、極上々吉などが最高評価になっている。

現在、俳優がネットで話題になるだけでは集客につながらないが、この評判記を読んで「見逃せない芝居」や「今一番の役者」を見たいと考えた庶民には大いに貢献した。これが役者絵や芝居関連読本の発行、さらには役者好みの物品の販売などに繫《つな》がり、日本の伝統文化と経済活性化に「噂」「評判」を立てられる役者が大いに貢献したといえるだろう。役者の人気はスポーツ選手の契約金や年俸と同じで乱高下が当たり前。それを勝ち抜いた役者が「千両役者」といわれ、現在ならば億万長者、いやセレブになった。

役者の給金は公表されないのが基本だ。しかし、噂が流れたり、情報通がわざと流したりで、二代目市川團十郎や初代芳沢あやめが、業界初の千両役者といわれている。しかし寛政の改革（1787～1793年）で贅沢が禁じられた。その頃の最高額は五百両におさえられたとか。それにしても、庶民には夢の話。改革以後、実際の額ではなく千両役者は誉め言葉の譬《たと》えになってゆく。

憧れの数字は、江戸では魚河岸（日本橋）と遊廓（吉原）で一日に動く金が千両といわれ、江戸経済の修飾語でもあり、同時に芝居町（猿若町）に千両落ちたとされる。江戸前の新鮮な魚を大量消費する食文化。廓と芝居の町にあふれかえる人の波。人が人を呼び金が大量に流通する。千両とは江戸の賑わいを象徴する金額でもあった。

「千両」の逆で役者にとって嬉しくない言葉は「大根」。実際に客席から芸がまずい役者に「だいこ!」「大根、ひっこんじまえ」などと罵声が浴びせられたという。語源は何か? 大根を嫌いな人はいないだろう。「ふろ吹き大根」「おでん」「ぶり大根」などさまざまな料理がある。効用は消化酵素ジアスターゼが含まれているというのは現代の知識だが、いくらお腹いっぱい食べても腹をこわさない「食あたりしない」効果は知られていた。

このことから、いくら熱演しても「当たらない=客受けしない役者」という意味が諸説の一つ。また「大根おろし」説。舞台から「おろしちまえ」もある。しかし、わたしは「当たらない」説だ。理由は大根が特産だった「練馬」出身。ちなみに練馬区内に歌舞伎役者は縁起を担いで住まないという。罵声に発奮して出世すれば「大当たり」と歓声が飛ぶことに。

役者の事件簿

人気は抜群で、高給取り。これで丸く収まらないのは世の中。その第一は役者同士の「嫉妬」、そして公儀の取り締まり。「お上《かみ》の目」である。歌舞伎の歴史で社会的大事件がおきた。

まず人気役者、初代市川團十郎の「刺殺事件」。これこそ芝居のような実際の事件。演じている舞台上で役者、生島半六《いくしまはんろく》に殺されて45年の生涯を閉じたのだ。團十郎は当時、人気絶頂。江戸の荒事芸の創始者で、ひとかどの人物と世評も高かったが、半六は「恨んでいた」というだけで獄中死。謎はそのままで、事件簿に名を残した。

歴史好きなら「生島」という名前を見て「江島生島《えじまいくしま》」を連想する人が多い。半六の師匠、生島新五郎《しんごろう》は、なんと江戸幕府を揺るがす大事件の当事者でもあった。江戸城大奥、御年寄《おとしより》の江島（絵島）と新五郎が密通したという噂が広がり、江島は信州高遠《たかとお》で幽閉生活、新五郎は三宅島に流罪という大事件。さらに、出演していた山村座は取り潰し。関係者の中には死刑判決も出た。実は密通ではなく大奥での勢力争いの犠牲になったと言われるが、これも謎。江戸時代は禁忌《タブー》の事件が、現在は映画やドラマの「大奥もの」で演じられている。ちなみに、流罪になる前に生島新五郎は父を殺された二代目團十郎に目をかけ庇護した人物でもあった。

　時代は下って七代目團十郎は江戸を追放された。これも大事件。理由は「贅沢」「金遣いの荒さ」を幕府から睨まれた。天保の改革で老中・水野忠邦の裁断だ。読本作者『春色梅児誉美《しゅんしょくうめごよみ》』の為永春水《ためながしゅんすい》は手鎖《てぐさり》百日の刑、『偐紫田舎源氏《にせむらさきいなかげんじ》』の柳亭種彦《りゅうていたねひこ》は譴責《けんせき》処分。二人とも事件後、急死してしまう。七代目團十郎は当時、息子に八代目を譲り海老蔵を名乗っていたが、天保13（１８４２）年、贅沢が目に余ると手鎖刑の後、江戸から追放。江戸十里四方立ち入り禁止に。なんと7年間、戻れなかった。

これほど厳しい処罰は、国税局の査察と「奢侈《しゃし》禁止令」という法改正の断行で、超有名人が、いわば「みせしめ」処分となったのだ。だが江戸にいられなくても、芸名を様々に変えても、天下の人気者は大坂の芝居小屋が温かく迎え入れ、役者生命を取りとめた。

ところがさらに大事件。その息子、八代目は父が不在の江戸で美男ゆえ人気沸騰、さらに「親孝行」を理由に南町奉行所で表彰までされた。名奉行様は遠山景《とおやまかげ》元《もと》、「遠山の金さん」だ。いいニュースもつかの間、八代目が大坂の宿で自殺した。これも原因不明、父子で事件簿に名を残した。死に顔を描いた「八代目死絵」が飛ぶように売れるスターだった。

役者グッズが大ヒットしたのは三代目澤村《さわむら》田《た》之助《のすけ》。美貌の女形が考案の「田之助紅《べに》」が売れ、人気コスメとなった。しかし、役者が使う必須アイテムの「おしろい」には鉛毒が入っていて人気絶頂のとき、身体を侵され、なんと両手両足を切断という残酷な運命に出会う。それでも懸命に舞台を勤めた記録が残る。この事件簿が作家、杉本苑子の筆で『女形の歯』という小説になり、たびたび歌舞伎で舞台化されている。両手が使えない女形が歯で扇を咥え上半身だけで舞い踊るという凄絶な芸魂を描いている。

近代になり、江戸追放の刑に服した七代目の息子である九代目市川團十郎と五代目尾上菊五郎は明治天皇の前で天覧歌舞伎を演じ、歴史に名をとどめた。4日間勤めた場所は、外務卿の井上馨《いのうえかおる》邸。欧化政策の井上は鹿鳴館文化推進者で歌舞伎が日本文化の顔になった瞬間だ。血みどろ殺人、色恋、犯罪といった江戸庶民の嗜好や身分差別から脱した、近代歌舞伎の始まりであり、歌舞伎の高尚化や芸術化へと進むきっかけとなった「事件」である。

現代の歌舞伎俳優

真面目に書いたタイトル。「役者」ではなく「俳優」ってなんだろう、と感じた方も多いだろう。江戸時代は「わざおぎ」とも読んだ。歌舞伎役者は現在、日本俳優協会に所属している。テレビや映画の俳優というより、歌舞伎や新派《しんぱ》の舞台俳優が400人近く名を連ねている。ちなみに新派とは歌舞伎を「旧派劇」とみて明治以降生まれた演劇。不平士族の「壮士芝居」、川上音二郎、川上貞奴らの「書生芝居」と呼び、自由民権運動など政治色の強い演劇がもと。のちに『金色夜叉』（尾崎紅葉）、『不如帰《ほととぎす》』（徳富蘆花）、『婦系図《おんなけいず》』（泉鏡花）など、文芸作品が戯曲となり名作が作られた。伊井蓉峰《ようほう》、河合武雄、喜多村緑郎、花柳章太郎、初代水谷八重子らが名を残し、現在の二代目水谷八重子、波乃久里子らが受け継ぎ百年を超える歴史がある。歌舞伎俳優との共演も多く、俳優協会名簿に名を連ねている。

俳優協会には、理事長の尾上菊五郎をはじめとして300人近い歌舞伎俳優がいる。亡くなった十二代目市川團十郎、十八代目中村勘三郎、十代目坂東三津五郎らは大きなニュースともなり、歌舞伎を見たことがない人でもテレビで顔と名前が一致しただろう。やはりドラマやCM、バラエティー番組などテレビ露出が多いと認知度が高い。以下、俳優名を挙げてゆくが名人長老から書き出さず、あえてアトランダムであることをお断りしておく。

NHK大河ドラマには、歌舞伎俳優は欠かせない。尾上菊五郎は『源義経』(1966年)でタイトルロールを演じた。後に夫人となる藤純子が静御前で共演していた。2020年から2021年までにまたがった『麒麟がくる』では、正親町《おおぎまち》天皇が坂東玉三郎、今川義元は片岡愛之助。ナレーションは市川海老蔵。記憶に新しいだろう。

TBS日曜劇場『半沢直樹』、第1期では愛之助ブームが来た。「土下座」をした香川照之は市川中車、「車」のCMでも顔を出す。「半沢」第2期は市川猿之助の「詫《わ》びろ、詫びろ」が流行語に。尾上松也は今どきのIT事業の経営者を演じた。東宝ミュージカル『エリザベート』でルキーニ役を演じ、歌唱力にも定評がある。

しかしミュージカルといえば、『ラ・マンチャの男』『王様と私』など欧米の舞台で主演した二代目松本白鸚《はくおう》の幸四郎時代は、国際俳優として歌舞伎の底力を見せ空前絶後の活躍だ。その白鸚は大河ドラマ『黄金の日日』（1978年）、『山河燃ゆ』（1984年）と2回も主演しているし、フジテレビ水曜劇場『王様のレストラン』（1995年）でも話題に。作者は三谷幸喜。その三谷の大河ドラマ『新選組！』と宮藤官九郎の大河『いだてん』では、中村勘九郎、中村獅童がともに欠かせない。

白鸚の長男、松本幸四郎は歌舞伎に主軸を置くが、クイズ番組やトークバラエティーにも顔を見せる。松たか子の兄でもある。菊五郎の長男、尾上菊之助は日曜劇場『グランメゾン☆東京』のシェフ役で、『下町ロケット』ではエンジニア系の社長。好漢と悪役をないまぜにした役どころが生きた。寺島しのぶの弟であり、中村吉右衛門の娘婿。長らく化粧品のCMのナレーションを務め印象的だ。ちなみに父、尾上菊五郎と、岳父、中村吉右衛門はともに人間国宝だ。

吉右衛門は、フジテレビ『鬼平犯科帳』。30年前のドラマだが人気は衰えない。若手では尾上右近が民放バラエティー番組の常連で、NHKFMのディスクジョッキー『KABUKI TUNE』を担当。映画俳優、鶴田浩二の孫でもある。中村隼人はNHKのBS時代劇『大富豪同心』で主演。シーズン2も好評で幸四郎、松也が共演した（2021年6〜7月）。

親子で話題になるのは市川海老蔵家（勸玄）、勘九郎家（勘太郎、長三郎）、尾上菊之助家（丑之助）に、CMにも出ている甥（寺嶋眞秀《まほろ》）は姉・しのぶの長男。市川右團次《うだんじ》は日曜劇場『陸王』で、息子の市川右近は小学生、同じく日曜劇場『ノーサイド・ゲーム』で人気になった。

女優を妻に持つのは、2020年に亡くなった文化勲章の坂田藤十郎。夫人の扇千景は参議院議長を務めた。先述の尾上菊五郎夫人はかつての藤純子、富司純子《ふじすみこ》として活躍中。中村芝翫《しかん》の妻は三田寛子。ワイドショーのコメンテーターも務めている。愛之助夫人は藤原紀香。おしどり夫婦である。

CMでおなじみ会計ソフトの「勘定奉行」。テレビや新聞に長袴姿の御奉行様が出てくる。演じているのは本来女形の中村京蔵《きょうぞう》で、中村雀右衛門《じゃくえもん》の弟子だが、歌舞伎の真似事タレントでは出せない本格の味がスポンサーに好まれ、20年も続いているのは特筆すべきことだ。

こうしたメディアに乗る俳優は各時代に存在し、歌舞伎の集客には大切な存在だが、あえてテレビなどに出ない、歌舞伎一筋で芸に磨きをかける名優もたくさんいる。片岡仁左衛門《にざえもん》は孝夫時代、大河ドラマや『眠狂四郎』などで名をはせたが、大病後、十五代目を襲名してからは、テレビドラマには出ていない。ほかの名優たちも、あえてここでは名前を挙げない。

むしろ生の舞台を見て、なるほど、芝居を奥深くする名人とはこういう役者を言うのかと感じてほしい。歌舞伎のリピーターは、芝居のあと、あの役者は？と名前を確認して覚え、その役者目当てに通うようになる。そんな楽しみ方も味わってほしい。自分の御贔屓《ごひいき》役者を見つけること。世評や知名度に惑わされず自分好みを発見する喜びが入門ポイントである。

人間国宝ってなんだろう

たびたび「人間国宝」と書いた。ところがこれは、正式な名称や肩書ではない。マスコミが名づけた通称で、正しくは重要無形文化財保持者（個人指定）という。日本の伝統文化を美術工芸部門と芸能部門に大別し、芸能には能楽、文楽、邦楽などとともに歌舞伎がある。

昭和25（1950）年に始まったこの制度で、第1号は七代目坂東三津五郎《みつごろう》。

踊りの神様ともいわれ舞踊、坂東流の家元でもあった。平成に亡くなった三津五郎は直系のひ孫で十代目。現在国宝は6人。立役、女形、脇役と分かれ、尾上菊五郎、中村吉右衛門、片岡仁左衛門、坂東玉三郎、澤村田之助、中村東蔵が現役である。

ほかにも国の栄誉は文化勲章、文化功労者の認定、日本芸術院の会員に迎えられることや、紫綬褒章や文化庁長官表彰、さらには芸術選奨文部科学大臣賞、文化庁芸術祭賞などがある。なかでも最大の栄誉、文化勲章は昭和24（1949）年に亡くなった六代目尾上菊五郎から令和2（2020）年に没した坂田藤十郎までに8人いる。

それについで重要な国の認定は文化功労者。現在では中車の父である市川猿翁《えんおう》、松本白鸚がそれぞれ猿之助、幸四郎時代に受け、尾上菊五郎、片岡仁左衛門、中村吉右衛門、坂東玉三郎である（本書執筆現在）。

役者の役柄

人気俳優、憧れの役者というと、すぐに美男俳優、イケメンを連想する人がいるだろうが、歌舞伎はちがう。もちろん美貌は大切な条件の一つだが「一声《いちこえ》二顔《にかお》三姿《さんすがた》」という。容姿は二番目三番目。まずは声。セリフ術の魅力は大切。声で大きく、立派に、いい男に見えてくる。そして悪役、道化役、踊り上手など個性、キャラクターやすぐれた技術で人気度がぐんぐん上がる。

三拍子揃った俳優は十五代目市村羽左衛門《いちむらうざえもん》。わたしは写真やレコードでしか知らないが男前だ。ロシア人の血が4分の1入っているとか。すらりとした立ち姿。そしてセリフ回しでうっとり。十五代目の俳優はあまたいるが、現在十五代目といえば花の橘屋《たちばなや》(屋号)、羽左衛門を指す代名詞となっている。

その血を引くといわれる亡くなった中村富十郎《とみじゅうろう》はずんぐり体型で失礼ながら素顔は美男といえないが、舞台に出ると、きりっといい男に見える。これが芸の力。

なにしろセリフが音吐朗々。劇場の隅々まで響き渡り、陶然とさせた。そのうえ踊りが天下一品。これでもかと見せつけるような芸ではなく、克明にさりげなく物語を身体全体で描き分け踊る技は名品。「鏡獅子」「娘道成寺」「船弁慶」などの大曲はもちろん「越後獅子」「うかれ坊主」などの小品も鮮やかに踊りぬき目に残る。

こうした役者の個性を見極めると「色悪《いろあく》」といって二枚目だが冷たく残酷さが魅力の悪人役。「四谷怪談」のお岩の夫、伊右衛門《いえもん》や舞踊「かさね」の恋人与右衛門《よえもん》などが光る役者もいる。また、滑稽な道化役は笑いを確実に取り、ひょうひょうと演じて光る俳優も人気がある。「国崩《くにくず》し」という役どころは、お家転覆を狙う大悪党。深編笠をかぶり幕切れに姿を見せ「にやり」と凄《すご》んで笑む「新薄《しんうす》雪物語《ゆきものがたり》」の秋月大膳や、「金閣寺」の松永大膳など、コスチュームも華麗で存在感がある。

もちろん女形は美形でしとやかな振袖姿の「姫役」がいれば、おきゃんでかわいいけれど悲劇を背負う「娘役」、たとえば「野崎村」のお光はお染と三角関係で久松を争い、あきらめて尼になる。芯の強さと娘気のおぼこさが必要。「悪婆《あくば》」といわれ、老人ではなく色気がありながら凄味を利かすセリフは「土手のお六」「切られお富」。このように歌舞伎には個性的な役柄があり、ぴったりはまると噂やツイッターでべた褒めになり人気度が急上昇する。

うだつの上がらない脇役が役を工夫して出世する「中村仲蔵」は、落語でもぜひ聞いてほしい。「忠臣蔵」のしがない盗賊役を黒羽二重の着付けに朱鞘《しゅざや》の刀を落とし差しにして、旅の老人を斬殺し財布を奪う。セリフはたったひとこと「五十両」。すっきりした斧定九郎《おのさだくろう》を考案し大出世した。個性ある役柄と自分なりの工夫で、芝居はいかようにも深まってゆく。歌舞伎は全俳優の力の総決算。決して個人芸だけではない。

勧進帳の弁慶・歌舞伎で一番人気の役

「襲名披露」ってなんだろう

三代目ＪＳＢと聞いてわかる人はエグザイル世代。われわれ高齢者は、老舗《しにせ》の「何代目」や「暖簾《のれん》」という言葉が好きだ。トヨタやパナソニックは豊田、松下という姓になじみがあるが世界企業になったので暖簾感覚は遠い。むしろ食品など身近な商品の企業が親しみやすい。

たとえばキッコーマン。国際企業だが代表商品は醤油。創業八家のひとつ茂木家は代々七左衛門を名乗る。現在十三代目を継承したのが賢三郎。実は国立劇場、国立文楽劇場などを統括する日本芸術文化振興会の理事長を長年務めていたので歌舞伎の関係者でもあった。

小田原「ういろう」は、同名の菓子を商う。創業650年の老舗で当主名は代々外郎藤右衛門。「ういろうとうえもん」と読む。現在二十五代目。丸薬も代表商品でこれを売り歩く「外郎売《ういろううり》」は歌舞伎十八番のひとつになっている。アナウンサー教則本の早口言葉は、この台本のセリフからとられている。いずれも代々の名跡を襲名することで家業の伝統を守っている。

歌舞伎も襲名は大切な行事であり、世の関心も高い。最近では2019年。松本幸四郎家が、十代目襲名とともに先代が二代目松本白鸚、子息が八代目市川染五郎と親子三世代の襲名披露が大きな話題になった。白鸚は歌舞伎だけでなくブロードウエイやウエストエンドの舞台でミュージカルを主演する国際俳優。孫の染五郎は高校生ながら、プリンスの雰囲気を漂わせ人気者。十代目の当主となった幸四郎は三谷幸喜と組んだ新作歌舞伎や「図夢《ずーむ》歌舞伎」と名付けた創作配信など歌舞伎界のニューリーダーとして活躍している。

そして新型コロナで延期にはなったが、十三代目市川團十郎襲名披露公演は、すでに発表され開幕を待つばかり。令和の歌舞伎界最大の行事が始まろうとしている。團十郎家は、本書執筆時点で海老蔵が当主。本名、堀越孝俊で、5歳のとき、初お目見得。7歳で七代目市川新之助を名乗り、初舞台。2004年、市川海老蔵を十一代目として襲名。そしてこの度、十三代目の團十郎を継ぐ。

本名とは別に家にゆかりの幼名から出世魚のように名前を変えてゆく。その家に生まれ成長すれば名前を継げるわけではない。経験の積み重ねと、人気の有無、なにより芸が向上しなければ資格は得られないし、関係者の賛同も得られない。生まれ育ちだけで名乗れないのは、老舗の経営権（暖簾）の継承と同じである。

ところで「襲名」は「名を襲《おそ》い取る」のではない。「襲」という文字をよく見てほしい。上は龍、下は衣で構成されている。龍の衣は鱗《うろこ》。身体中びっしりと重なりあっている。それゆえ「襲《かさねる》」とも読む。初代から歴代積み上げてきた家の芸、その衣を海老蔵の場合、十三着目をまとうのが襲名というシステムなのである。

團十郎家は「江戸の荒事芸の宗家」。その象徴的な演目を集めた「歌舞伎十八番」を演じられる役者でなければ万人には認められない。「先祖の衣鉢《いはつ》を継ぐ」という日本の美風に、もっともなじむのが大衆娯楽の王者であった歌舞伎の伝統行事「襲名」なのである。アフターコロナの新常態の中、歌舞伎熱喚起に大いに役立つことは間違いない。

こうした「襲名」とともに故人の芸を慕う「追善」興行も歌舞伎界では大切なイベント。名優の名人芸を後継者がどう守り伝えてゆくかを、現代の観客に見てもらう絶好の機会であり、興行のカンフル剤で需要喚起の役割を果たす。

令和3（2021）年3月。歌舞伎座で十七代目中村勘三郎の追善公演があった。中村勘九郎、七之助と孫世代が当主となり、勘九郎の長男、勘太郎と、次男、長三郎が、少年ながら目覚ましい活躍を見せ、評判になったのがいい例だ。

ここまで書くと伝統の家系、名門に生まれなければ歌舞伎俳優にはなれない？と思いがちだが違う。江戸時代から血縁より芸の出来不出来、腕がたつ弟子が後継者になる場合も多かった。現在も、一般家庭から人間国宝までなった坂東玉三郎をはじめ、歌舞伎の家に生まれていないが第一線で活躍している例は片岡愛之助、市川右團次、市川笑也、市川猿弥、市川笑三郎など大勢いる。「名門」に生まれながら役者にならない人も実は何人もいる。

一見、温室育ちの優等生ばかりと思われがちの歌舞伎界だが、実際は競争社会。どこの世界とも同じ実力主義だ。名家に生まれれば、それなりの重圧感の中、人一倍稽古を重ねなければならず、歌舞伎界以外から飛び込んだ俳優は幼い時からの稽古をしていない分、他人より何倍も努力しなければ、ふさわしい役を与えられるチャンスはない。御曹司だから、梨園外出身者だからといって区別するのではなく、「この舞台で誰が生き生きとしているか」が、現代の正しい「役者評判」となるのである。

歌舞伎俳優―教養のキ

①「代目」と「世」

歌舞伎に詳しくなってくると、文字情報で「○○代目」と「△△世」の二通りを目にする。結果からいうと、意味に相違はない。よく目にするのが「五世菊五郎」「九世團十郎」、最近では「六世歌右衛門」「十八世勘三郎」などだ。共通するのは故人。つまり亡くなって偲ぶ場合に多い。ただ厳密に決まっているわけではなく、故人でも「代目」は併用される。面白いことに西洋では「ルイ14世」「エリザベス2世」などで表記され、「代目」は使わない。文字情報でと断ったのも、音声情報つまり劇場内の「かけ声」で「世」は使わない。理由は現在活躍しているということもあろうが、「発音しやすい」ためではないだろうか。また、署名は単なる「サイン」ではない。色紙に俳画を描き「六世菊五」とした六代目尾上菊五郎や、隈取を絹布に写し「九代幸四郎（二代目松本白鸚）」と署名し掛け軸などに表装する。

②七代目は「なんだいめ?」

かけ声は大衆芸能の歌舞伎ならでは。コロナ中はできないが、舞台と客席との交流、声援だ。七代目は「なな」でも「しち」でもよさそうだが、日本語は（歌舞伎だからではない）決まっている。正解は「しちだいめ」。それでは「四代目」と「九代目」は？　正解はこの項の最後に記す。四の候補は「し」「よん」「よ」と三つもある。芝居通になると自分で声をかけたくなるが、間違えると「赤面」、いや間違いに気づかないことが「思い込み」のこわさだ。

歴代、何万人という歌舞伎役者がいる中で、「十五代目」といえば市村羽左衛門を指すと書いた。同様に「五代目」「六代目」「七代目」「九代目」の「四人」は限定されている。もちろん、四百年のときどきで、「何代目はいいよねぇ」「何代目のあれ評判だぜ」という具合に名前を出さず特定の役者の代名詞になっていたことだろうが、現在では明治以降の名優を指す。「五、六」は実の親子、二代にわたる尾上菊五郎、「七」は松本幸四郎（現在の松緑、幸四郎、海老蔵の曽祖父）、「九」が明治天皇の展覧歌舞伎の立役者で「劇聖」とまでいわれる市川團十郎である。この四人は歌舞伎の近代化や演劇改良、多くの後継者に影響を与えた名人たち。現行演出のお手本を作った名優なので、数字が代名詞になったのである。

正解　四《よ》代目と九《く》代目

③屋号の秘密

歌舞伎のヘビーユーザーになると「○○屋さんはねえ」とか「俺△△屋の贔屓なんだよ」という人がいて、ちょっと気取って感じられたり「？」という顔をされたりするときがある。ただ、屋号を知っておくと「血縁」「芸系」など屋号＝家系グループの特色がわかってくる。

市川團十郎家は「成田屋《なりたや》」。これは成田山信仰から。中村勘三郎家は中村座という芝居小屋の座元（劇場主）から始まったので「中村屋」と、どちらもわかりやすい。江戸世話物の代表的な尾上菊五郎家だが、「音羽屋《おとわや》」。初代は京都生まれ、父は劇場関係者で清水寺の音羽の滝から音羽半平《おとわはんべい》を名乗っていた。中村歌右衛門家は初代の父が金沢出身で「加賀屋《かがや》」だったが、四代目團十郎から贈られた着物の柄、将棋の駒から成田屋の「成」に「駒」つまり、出世する縁起の良い名前

「成駒屋《なりこまや》」に四代目歌右衛門がかえた。

現在の人間国宝、中村東蔵や歌右衛門の子息魁春《かいしゅん》は今も「加賀屋」を守り、中村鴈治郎《がんじろう》家は歌右衛門家由来の「成駒屋」だったが四代目襲名を機に音は同じだが「成駒家《や》」に表記を改めた。少し専門的になったが、初代からの芸の流れがわかるのだ。

ちなみにグループ名と書いたが、中村姓が多いので「中村さんはね」「あの中村はいいね」とはいわない。楽屋で「中村さーん」と呼べば、ほとんどが振り返る？　いや振り返らない。フルネームか、下の名前のみ。落語家さんを林家さんとか三遊亭さんっていわないのと同じである。

④俳号

役者は書画を学び、俳句なども嗜《たしな》んだ。役者名も隠居名や俳号がある。菊五郎家の梅幸《ばいこう》は現菊五郎の父が七代目を名乗っていた、音羽屋の俳号である。六代目中村歌右衛門の次男、魁春は父の俳号。松本白鸚は現在の白鸚の父が隠居名として名乗ったが、二代目は活躍中なので俳優名になった。

コロナ禍以前の九月歌舞伎座は、例年「秀山祭《しゅうざんさい》」となっていた。初代中村吉右衛門の俳号が「秀山」。たくさんの名句も残したが、その舞台芸は「秀山十種」と名付けられ、二代目吉右衛門がゆかりの芸を継承するために開いている恒例行事。

襲名の項目で取り上げた海老蔵は、十三代目市川團十郎白猿襲名と記者会見している。白猿は團十郎家の俳号であり、役者名だが13人いたわけではない。五代目と七代目が役者名で白猿を名乗り、八代目は俳号として使用した。もともとは二代目が栢莚《はくえん》という俳号を名乗り百という字と草冠を二十と読ませて生き延びる、つまり百二十歳まで生きたいとしゃれて名付けた。

その音を使って五代目が白猿とした。二代目は殺害された父の遺志を継いで團十郎家の礎を作った。その偉人の名をはばかり猿という字を使ったのだ。七代目海老蔵は團十郎にならなかったが白猿を名乗った。俳号もふくめ白猿という役者は、歴史上これまでに4人いたということになる。團十郎家（成田屋）ゆかりの名前なので併記したのだろう。

歌舞伎と女性

これまで男性が女性の役を演じる役割や、その役者の呼称を「女形」と表記してきた。松竹系の印刷物では「女方」に統一している。意味は同じで読み方は「おんながた」である。

「おやま」とはいわない。人形浄瑠璃では「おやま人形」とか「おやまの人形を遣う」と表現して女性の役割をいう場合もある。江戸時代一般的には廓の遊女を「おやま」と呼んでいた。「おやま絵」など人気遊女の浮世絵を指した。「女方」は狂言方とか囃子方という能楽の役割表記に近い。「道化方」という歌舞伎の三枚目役を指す言葉もある。歌舞伎では男性を「立役」というが、舞踊の世界では踊り手を「立方《たちかた》」と表記して男女の区別はない。演奏者を「地方《じかた》」という言葉と対照している。わたしは個人的には「女形」という文字の雰囲気が好きだ。人形という文字が示す「姿」という意味を覚えるからで、深いこだわりはない。

ところで、歌舞伎はなぜ男性だけで演じる芸能なのかは歴史の項目で記しているが、まったく出ないわけではない。子役には少女も出ている。役者の家に生まれなくても児童劇団で歌舞伎の子役を育てている。「伽羅先代萩」の若殿、鶴千代や乳母、政岡の子、千松など難役を少女が演じる場合もある。「鏡獅子」のかわいらしい胡蝶二人を舞踊の得意な少女が演じることもある。声変わり前の少年少女は見た目の性差がないこともあるが、抱きかかえたり、担いだりと体重的なメリットも少女にはあるかもしれない。

また歌舞伎の家の娘に生まれ歌舞伎の子役で重要な役を演じた先輩では劇団新派の女優で十七代目中村勘三郎の長女、波乃久里子や尾上菊五郎の長女、寺島しのぶ、二代目松本白鸚の次女、松たか子らがいる。児童劇団には所属しないが歌舞伎の家の空気で育ち、舞台度胸といい違和感のない利点がある。

歌舞伎に女優が出ることがあるか？　有吉佐和子の『出雲の阿国』を初代水谷八重子が主演して歌舞伎座で歌舞伎俳優とともに演じたことがある。当時の水谷八重子や山田五十鈴といった名優は三味線や舞踊など歌舞伎俳優と同じ稽古を重ね、一般演劇でも歌舞伎俳優と共演することが多く、女優というより女役者という存在感があった。現在では寺島しのぶが六本木歌舞伎「座頭市」で海老蔵と共演するなど、歌舞伎色の女役者といえるだろう。

ほかに劇団「前進座」を紹介したい。２０２1年で90周年を迎えたが出身母体は歌舞伎。河原崎長十郎、中村翫右衛門、河原崎国太郎が初期のメンバーで、『勧進帳』など歌舞伎十八番物を得意とし、近松門左衛門、鶴屋南北、河竹黙阿弥などの古典とともに新作や翻訳もの音楽劇、舞踊劇など幅広いレパートリーを持つ。

また発足から女優も育成し、舞踊、邦楽など歌舞伎の養成も行うので、所作事や世話物では大勢の女優が共演して活躍している。やはり違和感がないのは女形の先輩を見て女優の訓練をする一座の空気感なのだろう。いまむらいづみ主演の『出雲の阿国』は前進座でも代表作だ。

最近では声も姿も女性と見まごう女形がいるが、古風な歌舞伎俳優には声は地声でも、今どきのメイク術ではない伝統的で大雑把な化粧でも女性らしく感じる名優がたくさんいる。美しく見えたり女性らしく聞こえたりするのは、すべて芸の力。それに気づくと、歌舞伎はより面白くなる。

第6章

名セリフと名曲を味わう

どこかで聞いたことがあるセリフだけど、どんな芝居？　解説で名曲と書いてある。なにがいいの？　歌舞伎の踊りは眠くなるなあ。こんなことを感じる方はここから読んでほしい。

「知らざあ　言って聞かせやしょう」

『弁天娘女男白浪《べんてんむすめめおのしらなみ》』弁天小僧

江戸弁だ。「えっオレのこと知らないの？　そんなら、言って聞かせてやるぜ」という上から目線のセリフ。弁天小僧という歌舞伎で一番人気のキャラクターが吐く。「白浪五人男」や「弁天小僧」ともいう芝居だが、白浪とは泥棒という意味。その一人が鎌倉の弁財天で寺修行の稚児をしていた通称、弁天小僧。稚児は振袖姿。女性のようなかわいい容貌だが手癖が悪く、賽銭《さいせん》泥棒から始まって強請《ゆすり》が得意な？　ワルになった。

弁天娘女男白浪・弁天小僧の一場面

知らざあ　言って…

今日は振袖のお嬢様姿に化け、呉服屋で詐欺を働いたものの正体が発覚。しかし腹が据わった悪党なので居直り。観客の目の前で振袖を脱ぎ捨て真っ赤なふんどしの裸体に変貌。ここが「ザ・歌舞伎」、つまり「びっくりぽん」の場面。女優劇ではできない女形ならではの演技。その上、お前は誰だ？　ときかれて、世間では有名だとうぬぼれていたため、「知らざあ　言って聞かせやしょう」と煙管《きせる》を片手に自己紹介する。

　江の島、鎌倉の地名を織りまぜ「ふだん着なれし振袖から　髷《まげ》も島田に由比《ゆい》ガ浜」などは、よくできたセリフ。寺小姓は前髪で振袖姿だったから、こんな女装はお手の物だ。髪型も島田髷に結ってとヘアスタイルに言及。由比ガ浜を「結い」にかけている。最後は「名せえ（さえ）ゆかりの弁天小僧菊之助たァ　俺がことだア」と桜の彫り物を見せ見得を切るので満場大喝采のハイライトシーンが展開する。

　長ゼリフの間に「そこやかしこの寺島で　小耳に聞いた音羽屋《おとわや》の　似ぬ声色で

こゆすり騙《かた》り」とある。この音羽屋は屋号で、初演した五代目尾上菊五郎をさす。だから誰が演じてもこのセリフは残る。ちなみに悪事を働いた寺の島「寺島」は菊五郎家の本名。ご存じ七代目の長女は「寺島しのぶ」。長男は「寺嶋眞秀《まほろ》」で活躍中。そこで、現在の音羽屋が演じるとき、たとえば菊之助は「小耳に聞いたじいさんの」という。これがほんとの「耳学問」ならぬミニ教養。

「遅かりし由良之助」ではなく「待ちかねたわヤイ」

『仮名手本忠臣蔵』「四段目」塩谷判官《えんやはんがん》

コロナワクチンの供給が遅いので、表記の「遅かりし」を採用して『仮名手本忠臣蔵』の名セリフだと大新聞のコラムに書いてあったが、正確に言えば間違い。そんなセリフは出てこない。由良之助とは、実説の大石内蔵助のことで赤穂にいたから主君切腹には立ち会っていないが、浄瑠璃作者は二人を切腹シーンで対面させるやさしさが。「由良之助はまだか」と息子の力弥《りきや》に聞くが「いまだ参上……仕りませぬ」と応じる。「残念なと申せ」といって腹に刀を突き立てた瞬間、花道から由良之助が駆け込んでくる。緊迫の場面。「近こう　近こう」と呼び寄せ「由良之助か　待ちかねたわやい」とまさに血を吐く思いのセリフ。これが正解。そして、血の付いた腹切り刀を見せ「この九寸五分は汝《なんじ》に形見　形見」とあるのだが、役者のセリフで二度目の「形見」は「かた……」までしか言わない。「かたみ」ではなく「かたき」、つまり「敵討《かたき》ち」をしてくれと「き」を目で知らせ、花道の方を見る。敵の存在だ。由良之助は胸を手で打ち「委細」とだけ。これは「委細承知しました」という意味。主従最期のやりとりだ。「忠臣蔵」の世界全体が成立する必見の名シーン。まさに名セリフ教養の「キ」。

「横綱の土俵入りでござんす」

『一本刀土俵入』駒形《こまがた》茂兵衛《もへえ》

長谷川伸《しん》作『一本刀土俵入《いっぽんがたなどひょういり》』は歌舞伎なの？　と思う人も多いだろう。映画の長谷川一夫、歌謡曲は三橋美智也、新国劇の重要レパートリー、女剣劇、商業演劇でも上演されてきた。

初演は昭和6（1931）年、六代目尾上菊五郎だから歌舞伎だ。しかし義太夫などの三味線音楽劇ではなく、純然たるセリフ劇ゆえ女優も共演できる。「土俵入」は相撲の世界。「一本刀」は渡世人を象徴する。出世の夢を抱き利根川の渡しにさしかかる、ふんどしかつぎの茂兵衛は腹を空かせて一文なしだ。酌婦のお蔦《つた》が、からかい半分に声をかけ、小銭を恵んでやる。

それから10年。出世の見込みがない茂兵衛は博奕《ばくち》打ちの渡世人に姿を変え、お蔦に恩返しの金を持参して再会し、お蔦一家の危難を救うという物語。人生2度の出会いと別れ。前半が菊花香る秋。後半は夜桜が美しい春。

茂兵衛は頼りないふんどしかつぎから、きりっとした股旅姿にかわる。お蔦は酌婦から娘を持つ貧しい三人家族に。対照的な光景がドラマを深くする。酔った勢いで恵んだだけのお蔦は記憶にない。一生に一度の恩を受けた茂兵衛は約束の横綱になれなかった姿を恥じて、記憶にないことを寂しく喜ぶ。しかし、お蔦一家を襲うやくざを頭突きで退散させる姿で、お蔦は思い出す。手を取り合う二人。夜の闇をお蔦一家はふるさとへ逃げてゆく。

「お蔦さん　十年前に　櫛簪《くしかんざし》　巾着《きんちゃく》（財布）ぐるみ　意見をもらったねえさんに　せめて見てもらう　駒形の　しがねえ姿の　横綱の　土俵入りでござんす」

という。これが全文。声に出して読んでほしい。どこで切っていいかわからない。とても難しいセリフだ。役者によって切り方が違い、それぞれに味わいがある。恩返しはしたものの孤独な男。その肩に散りかかる桜も見事な演技を見せる。お蔦は何年も会っていない越中富山の母のもとへ逃げてゆく。茂兵衛は母親の墓前で横綱の土俵入りがしたいと10年前にお蔦に告げ、お蔦は、辛抱して、がんばるんだよと「意見」してくれた。自分が果たせなかった「親孝行」の夢をお蔦に託す茂兵衛。実母と少年時代に別れた作者、長谷川伸の「母恋し」の思いが凝縮した人間ドラマ。その名セリフが、わたしたちの瞼を濡らす。

〽人の情けの盃を　『勧進帳』長唄囃子連中

兄、頼朝から追われる義経は全国を逃げ回る。平家を滅ぼした殊勲者だが、鎌倉の兄を差し置いて朝廷から判官左衛門少尉《ほうがんさえもんのしょうじょう》という官位を受けたため、反逆者の汚名を着せられた。指名手配書は全国の関所に通達された。そのひとつ、安宅《あたか》の関での出来事が能『安宅』になり、それを原作に歌舞伎一番人気の『勧進帳』となった。焼亡した東大寺大仏殿再建の趣意書（勧進帳）を持つ山伏に、弁慶たち家臣が変装し義経を守っていた。全体は長唄の演奏で進められる舞踊劇スタイルをとる。どこを切り取っても、歌詞が浮かびあがる名曲だ。

〽**旅の衣は篠懸《すずかけ》の**　〽**花の都を立ち出でて**　と花道から弁慶たちが登場する唄い始めのところから聞きほれる。三味線も都から北陸道へと足を運ぶ様子が演奏だけで表現され、聞き入っていると逃亡者たちが現れる見事な展開。関守の富樫が厳しく喚問し勧進帳を読めというところも、

〽**もとより勧進帳のあらばこそ**　持参するわけもなく、別の巻物を取り出すところを唄い、弁慶が帝の命令で東大寺再建のため諸国を勧進しているという内容をそらで読めば、

〽**高らかにこそ　読み上げたり**　高く力強い声で長唄が弁慶の読み上げを盛り上げる。もちろん役者のセリフが中心の芝居だが、こんな風に場面のカドカドに長唄、三味線、囃子が生きてくる。富樫はすべてを悟ったうえで通行を許す。一行は関から離れた場所でほっと息をつく。そのとき弁慶は、義経に富樫の前で暴力

をふるったことを詫びて涙を流す。

〽**一期《いちご》の涙ぞ殊勝なる**　唄の聞かせどころ。弁慶が一生に一度泣いたという場面だ。それに対し、

〽**判官御手《ほうがんおんて》をとりたまい**　と澄み切った声で義経が弁慶の機転を褒め、慰める場面も聞きどころ。前半の関通過までの動と対照的な静の名場面。決して寝てはいけない。

さらに富樫が非礼を詫びに再登場し、酒をふるまう。富樫は義経一行だと確信して武士の「永訣《わかれ》の盃」をふるまう場面と思って見なければいけない。それと知った弁慶が盃を飲み干すところが表題の、

〽**人の情けの盃を　受けて心にとめんとや**　と続く長唄。あなたの温情に感謝しますと無言の思いを託した曲なのだ。そのあと「延年の舞」になるところは三味線、囃子も華やかで聴きごたえ十分。義経は追い立てられるように花道に入ってゆき、富樫が見送り、弁慶が「飛び六法」で追いかけてゆくという一幕。

長唄の歌詞、三味線や囃子の響きが男だけの歴史ドラマを盛り上げる不朽の名作。どうぞ、長唄囃子連中の重層的な音と役者の力感あふれるセリフ術の渦に巻き込まれてほしい。

「一生の恋も滅びた」

『番町皿屋敷』青山播磨《あおやまはりま》

第4章の「雪かご」「花かご」のくだりで触れた『番町皿屋敷《ばんちょうさらやしき》』だが、怪談ではない。家の宝の皿を割った罪で殺された腰元が、井戸に投げ込まれる「皿屋敷」の伝説を純愛物語に書きかえた岡本綺堂の名作だ。

一本気な旗本、青山播磨。独身のイケメン。お菊は腰元の一人。播磨と結婚を誓い合ったが、良家の姫君との縁組噂話に菊は気もそぞろ。来客の準備のため目の前にある家宝の皿。これにひびでも入れたらお手打ちだぞと家老から脅される。

菊は、もし割ったら播磨は自分を殺すだろうか？　播磨の愛を確かめるため、誰も見ていないと思い自ら割ってしまう。

屋敷では大騒ぎになる中、帰宅した播磨は当初その事実にかっとなるが菊のしでかしたことと聞き「粗相であれば仕方がない」とその場を静め、菊と二人きりになる。重ねて詫びる菊に「普通の腰元なら死罪だが、お前だから許した」と恋人らしさを見せ、菊は二重の意味でほっとする。

しかし「家政婦は見た！」ではないが、同僚が見ていて真相が知れてしまう。不審に思う播磨が理由を問えば、恋の疑念「殿さまのお心を試そうとて」と真実を述べる。これに激高する播磨は、付き合いにも吉原へはいかず、女性からの盃も受けない一刻者。菊を倒し押さえつけ「なぜ疑うた」と詰問。「女の浅い心から、でも疑いは晴れました、お許しください」と懇願。

しかし「疑われた播磨の無念は晴れぬ」「罪のない男を疑うた　おのれの罪は生涯消えぬぞ」と刀を手にする。一本気と書いた播磨は真実、まっすぐな人物。

手打ちにするしかないと菊に告げる。皿を惜しんで命を奪うような男ではない。その証拠に、すべての皿を割るから数えろという。

恐怖におびえながら皿を出す菊。「一枚、二枚」と割らせた皿を数えさせるのが「皿屋敷」の趣向。恐怖で声も震えていた菊だが、次第に播磨の真意がわかり落ち着いてゆく。真実の愛を悟るのだ。「潔白な男のまことを疑うた女の罪は重いと知れ」と静かに語り掛ける。菊は「思い残すことはござりません。女が一生に一度の男」と語り満足し斬られて死ぬ。

割れた皿を投げ入れた井戸に菊の死骸を沈める。播磨は井桁《いげた》に足をかけ、覗き込んでこういう。「家重代《いえじゅうだい》の宝も砕けた　播磨が一生の恋も滅びた」。このセリフが最高潮。このあと槍を手に喧嘩の場所に花道を走りこんで幕となる。岡本綺堂が生み出した瑞々《みずみず》しいセリフに新歌舞伎の輝きが宿る名品。セリフ術にたけた歴代の名優が演じてきた。その声音に酔いしれてほしい。

第4章の播磨のセリフ「散る花にも風情がある」とは桜をさしているのだが、

後の予言と書いたのは、この幕切れで一輪の大切な菊の花を散らしてしまう播磨の無念がわかるだろう。

「しがねえ恋の情けが仇《あだ》」

『与話情浮名横櫛《よわなさけうきなのよこぐし》』与三郎

漢字ばかりの7文字タイトル。これを本外題《ほんげだい》という。正式な作品名。当て字や縁起担ぎ、韻を踏むなど様々な工夫に感心する。「世は情け」が「与話情」だが、主人公（与三郎）の恋愛話という意味。「浮名」は恋人、お富と週刊誌やワイドショーネタになって浮名を流したという意味で、実説である。「横櫛」はお富をさす。通称「横櫛のお富」ともいわれ、櫛は頭髪の上から縦に挿すが、お富は横に束ねた洗い髪に横挿しファッション。そんな意味をすべて7文字に納めてある。

二人は恋人だが、お富は木更津で土地の親分の妾だった。与三郎は勘当され保養に来ていた浜辺で出会い、相思相愛。それが発覚。イケメン与三郎は身体中に刀疵《かたなきず》をつけられたうえ、簀巻《すま》きにされて海に捨てられた。お富は追手を振り払って海へ飛び込み自殺。二人とも死んだはずだった。

それから3年。鎌倉の地名、源氏店《げんじだな》（実際は江戸の玄冶店《げんやだな》）で再会するので別名「源氏店」とも呼ばれる有名な歌舞伎の一幕。春日八郎の歌謡曲の歌詞にもある「粋な黒塀」「見越しの松」の妾宅が舞台。大店の多左衛門に囲われている。蝙蝠安《こうもりやす》という頬に蝙蝠の刺青がある小悪党と上がり込み、お富を発見。お富は気づかない。そこで名セリフ「御新造《ごしんぞ》さんへ　おかみさんへ　お富さんへ」ときて、お富はなぜ自分の名前を知っているのかと訝しむ。「イヤサお富　久しぶりだなあ」で居直る。「そういうお前は？」と顔を見て「与三郎だ。お主《ぬし》ャ　俺を見忘れたか」で手拭いの頬冠りをとると、お富はびっくりする。

ここから「しがねえ恋の情けが仇」と、表題の名セリフが始まる。「巡《めぐ》る月日も三年越《みとせご》し」と、木更津からの歳月を上げ「殺しもやらず斬り苛《さいな》み　総身にかけて三十四箇所の刀疵」。この身体中の疵はみんなお富のせいだと恨み言。それは、お富が死んだと思い念仏を唱えていたからだ。それがこうして囲われ者で生きている「死んだと思ったお富たア　お釈迦様でもご存じあるめえ　よくまあお主《ぬし》ヤ達者でいたなあ」となる。

溺れているお富を助けたのは現在囲っている多左衛門だが、なんと実の兄だったことがわかる。

恋のために過酷な運命をたどる美男美女が再会するハッピーエンドの物語。ましてモデルがイケメンの長唄演奏家、芳村伊三郎。実際、顔を切られた。それが余計いい男に見えたという伝説付き。歌舞伎は木更津海岸ですれ違い互いにひと目ぼれする「見染《みそめ》」という場面できれいな顔もきちんと見せる。

他人の女と恋をしたから「仇《あだ》」になったというほどの美人が、黒塀の前に初めて姿を見せるのは風呂帰りの湯上がり姿。洗い髪に横櫛を挿し、口には真っ赤な紅絹《もみ》のぬか袋を咥えている。文字で想像するだけで「婀娜《あだ》」っぽい。この「あだ」でもある。帰宅して鏡に向かい寝化粧をするところも、女形の芸の見せ所。白粉《おしろい》の香りが漂ってくるようだ。

『京鹿子娘道成寺』長唄囃子連中

〽恋の手習い　つい見習いて

歌舞伎舞踊は所作事《しょさごと》ともいうが、三味線音楽で踊る場合が多い。清元、常磐津という浄瑠璃系も人気だが、長唄が断然多い。表記するときは長唄囃子連中と書き、演奏者も舞台に出演して毛氈《もうせん》や雛壇《ひなだん》に居並ぶ形態をとる。これを「出囃子《でばやし》」という。

「娘道成寺」は次々に変化する衣裳もポイント。「引き抜き」の項目で紹介したが、華やかさが魅力の女形舞踊。娘の恋心が前面に出ていて、安珍と清姫の道成寺伝説は陰に隠れている。それゆえ、娘道成寺とあるように江戸時代の町娘が抱く恋のイメージが展開する内容だ。眼目は「恋の手習い」という表題のくだり。「恋のレッスン」という意味。

〽**恋の手習い　つい見習いて**　わたしの恋の勉強は、女友達からの受け売り、真似することからはじめなきゃ、と始まる。藤色の衣裳で手には縮緬の手拭《てぬぐい》。柔らかい絹の質感で振袖とともに女心を表現してゆく。手拭の中央を唇で咥え、背を後ろへ思い切り反らして靡《なび》かせ、柔らかく回転する。しなるような姿態が恋に溺れてゆく娘の身体になってゆく。

〽**誰に見しょとて　紅鉄漿《べにかね》つきょぞ**　腰を落として伸ばした手拭の先を左手に取り顔を向ける。鏡に見立てている。右手は紅をつける化粧の動き。歌詞の内容は、この化粧、誰に見せようと思って、していると思う？　とひとりごと。紅筆を使う振りや薬指を立てていたら紅差し指だ。

〽**みんな主《ぬし》への　心中立《しんじゅうだ》て**　そうよ、このメイクは、恋を誓い合ったアナタだけに見せるため。電車でマスカラを塗っている女性、バスで大口開けて紅をつける娘さんを見詰めると厳しい視線が返ってくる（何見てんだよ）。
〽**おおうれし　おおうれし**　恋する女性の化粧は自分のためというより、今夜デートするかもわからないカレシのため。だから踊っている女性は鏡に映っている姿にうっとりし、ナルシズムで身体をのけぞらせる。この至福のひとときが「うれし」なのだ。
〽**末はこうじゃにな　こうなるまでは　トンといわずに　すまそぞえ**　将来はこうなるのよね、と小指と小指を絡ませて「結婚」を表現。顔は恥ずかしそうな表情。でも社内恋愛はヒミツ。誰にも言っちゃだめよと、二人きりの思いにふける。
〽**誓紙《せいし》さえ偽りか……どうもならぬほど会いに来た**　愛を誓ったラブレター。あれ嘘だったの？　ベツカノを作ったという噂きいて、確かめに来たワ　という展開に。江戸時代も現代も変わらないのは男の浮気心。女が行動を起こして会いに来たことを一人で表現する部分。
〽**ふっつり悋気《りんき》せまいぞと　嗜《たしな》んでみても情けなや**　ジェラシーなんて決してす

るまいとは思っていたけれど、クヤシイ！　なに考えてんの！　ここが長唄の聞きどころであり、裏切られた悲しさが全身に溢れ、相手の胸に取りすがる。舞踊の技は、女の手の先に相手の胸や存在が見えてくるマジックを見せる。女の視線や手の位置で男の背の高さまでわかる。その手を相手に振り払われて、座り込む。

〽**おなごにはなにがなる　殿御《とのご》の気が知れぬ　悪性《あくしょう》な気が知れぬ　恨《うら》みてかこち泣く**　女って無力。どうすることもできないワ。ヒドイ男心がさっぱりわからない。と怒りながらも泣き始める。手拭に涙が溜まってゆく。

〽**露を含みし桜花　さわらば落ちん　風情なり**　立ちあがって、振袖や手拭で相手を「ひどい」と打つふり、悲しさあふれる目で見上げると、空から濡れた花弁がたくさん舞い落ちてくるよう。わたしの恋が散ってゆく……。

ここまでが「恋の手習い」のくだり。一部歌詞を省略したが、唄と三味線の響き、何より踊りの振りが手拭、袂《たもと》の動きとともに恋の喜びと悲しみを描いてゆく。身体で描くドラマ。ここを「クドキ」といい、胸の内を口説きたてる最重要場面で、曲の聞きどころでもある。

花道の道行から始まって通常、鐘入《かねいり》といい釣鐘が落下し頂上の竜頭《りゅうず》に登って、恐ろしい形相で幕となる。花笠、鈴太鼓などの小道具や緩急の演奏も変化があり飽きさせない。それだけに「娘道成寺」一曲を踊りぬく役者の力量が問われる難曲であるともいえよう。

「月も朧に白魚の」
『三人吉三廓初買』「大川端の場」お嬢吉三

再び名セリフを紹介する。女装の泥棒、お嬢吉三。八百屋の一人息子が誘拐され旅役者になったので女装も得意。弁天小僧と似ているが違う。素肌を見せず女性らしい。浪人の若侍、お坊、僧侶上がりの和尚と三人とも偶然、吉三《きちさ》という名前で三人吉三。その出会いが、大川端だ。日暮れて川端にさしかかるお嬢は振袖姿で一人。良家の子女は独り歩きをしない。必ず女中などが同伴する。

ましてや夜、泥棒ならでは。出会うのが夜鷹の女。昨夜の客が大金を忘れ届けたいと懐中している。それに目をつけ奪って女を大川に蹴落とす。見かけた町人が泥棒！　と叫べば、お嬢に質草で持っていた刀を奪われ、逆に脅され逃げる。やってきた駕籠屋も駕籠を放り出して逃げる。月が出て「ゴーン」と時の鐘。誰もいなくなったを幸い、棒杭に片足乗せて名セリフ。と蹴落としてから、ここまでが1分以内にすべて起きるので見逃せない。

「月も朧《おぼろ》に白魚《しらうお》の篝火《かがり》も霞《かす》む春の空」と、七五調で流れるような言葉。大川では春先、灯をともし白魚漁の季節。上空の朧月と川の向こうで霞んでいる舟灯り、お嬢の目の中の光景。「心持よくうかうかうかと浮かれ烏のただ一羽」ようやく温かくなってきたと、少し酒に酔って、ぶらぶら来かかった。「竿の雫《しずく》か濡れ手で粟《あわ》　思いがけなく手にいる百両」と、夜鷹から巻き上げたボーナスにほくそ笑む。

そこへどこからか「御厄《おんやく》払いましょう」と「厄落とし」といわれる街角の声が

聞こえてくる。それを聞いて「オオ　ほんに今夜は節分か」と気づく。節分ですよ。厄落としをしましょうという、声を上げながら祝儀をもらう門付《かどづ》けの声にお嬢が気付く。「豆沢山に一文の銭と違った金包み」節分の豆のような小銭ではなく、大枚百両の包みが懐に。そこで、「こいつア　春から　縁起がいいわエ」となる。縁起の「え」は「い」に近い江戸なまり。夜鷹の出会いのときは品の良いお嬢様声で、相手の懐に手をかけ「俺ア　泥棒だよ」は低い男声。

立ち去ろうとすると「もし　ねえさん　ちょっと待って　おくんなせエ」置き去りにされた駕籠の中の客が声をかける。びっくりお嬢は「待てとは　なんぞ御用でも？」と、急にしおらしい娘声になり、客席はどっとくる。これがお坊吉三。百両をめぐって命をかけた喧嘩に。そこへ来た和尚が止めて、三人、兄弟の契りを結ぶという一幕。

このあと三人の不思議な因縁が、目の前の百両とお嬢が手にする刀をめぐって展開する。「通し狂言」の楽しみもあるが、30分余りのこの幕だけ上演されることが多い人気作。

「月も朧に」「こいつァ春から」と、芝居好きはすぐ使いたくなる。みなさんも暗記して、ぜひ日常使ってほしい。変人扱いされること間違いない！　とは冗談だが、大切なのは主役三人以外の名セリフ。「御厄払いましょう」の遠くから聞こえる声があるから、節分の夜、江戸の静寂感が生きてくる。名前が誰とはわからない役者のもうひとつの「名セリフ」が「縁起のいい春」を演出するのである。

〽男心の憎いのは　『藤娘』長唄囃子連中

歌舞伎を見たことがない人でも、ガラスケースに入った日本人形で、天秤棒の桶を肩にするか、藤の花の大枝を担いでいる人形に人気がある。前者は「汐汲《しおくみ》」で後者が「藤娘」、歌舞伎舞踊での人気作。日本舞踊を習っている小学生が『藤娘』で初舞台する子が多い。曲を短くしたり、何人かで一緒に踊る場合もある。「かわいい」「きれい」と親御さんたちは記念撮影やビデオで喜ぶ。しかし『藤娘』は少女にはわからない濃い内容がある。それは表題の、

〜男心の憎いのは　でもわかるだろう。男女の恋の物語が描かれている。

まず、なぜ藤の花の女か。これは大津絵という滋賀県大津での江戸時代のお土産の風俗絵。雷や瓢箪に鯰など戯画的な絵柄が好まれた中のひとつが藤娘。藤の枝を持った「おやま絵」が人気だった。そうした画題を何役も一人で踊り分ける(変化《へんげ》舞踊)作品が生まれ、『藤娘』だけ独立して踊られる人気曲になった次第。

なぜ男が憎いのか。「娘道成寺」の項では、「恋の手習い」で浮気をする悪性な男に悋気《りんき》と書いた。やはり同様なのだが、『藤娘』の曲を理解するには大津、滋賀県、琵琶湖の知識が必要になってくる。琵琶湖は景勝地が多く、和歌や能に組み込まれた。また中国の瀟湘八景《しょうしょうはっけい》といわれる名所になぞらえて近江八景が名づけられた。地名と風物をセットにして「粟津《あわづ》の晴嵐《せいらん》」「三井《みい》の晩鐘《ばんしょう》」「石山寺《いしやまでら》の秋《しゅう》

月《げつ》」「唐崎《からさき》の夜雨《やう》」「瀬田《せた》の夕照《せきしょう》」「比良《ひら》の暮雪《ぼせつ》」「堅田《かただ》の落雁《らくがん》」「矢橋《やばせ》の帰帆《きはん》」の八つ。これと女の恋のドラマを掛け合わせた名文なのだ。

なぜ男が憎いかといえば、

〽**ほかの女子《おなご》に逢わずと三井のかねごとも**　キミ以外のほかの彼女なんか作らないし、誰にも会わないよって約束したじゃない、という内容に「粟津」「三井」の二つの地名。また「かねごと=約束」に三井の「鐘」が。

〽**堅い誓いの石山も　身は空蝉《うつせみ》の唐崎や**　石山寺の固い石のような約束を交わしたはずなのに裏切られてセミの抜け殻のように心が空っぽだ。「石山」「唐崎」と取り込み。抜け殻の「から」が唐崎の「から」に。

〽**待つ夜をよそに　比良の雪　解けて逢瀬《おうせ》のあた妬《ねた》ましい**　唐崎は「松」でも有名。「待つ」にかけ、一晩中待ってたのに、アナタはその女性と雪が溶けるようにうちとけて、ああ嫉妬の思いが燃え上がる、というすさまじいジェラシーだ。「妬ましい」に「寝たのね」もかかっている。比良は「ひら」で「畏」という意味もあるらしい。「恋の罠」か。うまいなあと思うのは次。

〽**ようもの　瀬田に　わしゃだまされて**　うまい口車に、わたしをよくも「乗せた」わね。となる「瀬田」の使い方。

〽**文も堅田の片便り　心矢橋のかこちごと**　堅田の落雁の雁は口に枝を咥えているので手紙を持ってくる文使いの地名。でもメールは返信なしの一方通行。かこちごとは「愚痴」。胸がはやる思い、矢橋＝矢走、矢のように心がどきどきはやると、このくだりを納める。これを小学生が踊れるのか？　歌舞伎俳優は物憂げな表情で、体をくねらせ、袖で相手を打ち、全身で恋の一方通行と裏切りを演じているのである。見たくなったのではあるまいか？

通常、舞台には巨大な松が中央にあり、藤の花房がたくさん下がっている。松は男。藤が女。蔓性の樹木なので蔦で雄松に絡まって、がんじがらめに縛りついているのだ。とみると、大道具も「コワイ！」。このあとも、

〽**うちの男松に　からんで締めて**　〽**藤にからんで　寝とうござる**　意味深な

ベッドインの歌詞まで出てくる。いい曲でうっとりなるが「寝てはいけない」必見の作品だ。

「カツオは半分もらったよ」　「髪結新三」長兵衛《ちょうべえ》

髪結《かみゆい》のうち、民家、商家の得意先を回る職人は家の内情に詳しく、それにつけこむ小悪党の新三《しんざ》が主人公。材木問屋の娘を誘拐した。警察にいけば？　と思うだろうが家の恥、商売上丸くおさめたい。その解決金が目当て。土地の親分が談判するが決裂。次の仲裁者は家主《いえぬし》。地主ではなく長屋の采配を任されている大家さん。新三は大金が楽しみ。ご機嫌の朝風呂帰り。初ガツオ売りが登場する「新三内の場」。ホトトギスも鳴いている。長屋の入口で数万円もする初ガツオを購入。やってきた大家さんに半分あげるよと豪儀な約束。家主はあがりこんで金の交渉。懐には三十両。親分風を吹かせた男には金を叩き返した。百両は要求するだろうが、ここは家主の力で抑え込むつもり。

はじめは相手にしない新三を、刺青もの（前科者）を承知で長屋に入居させてやっているのは誰のおかげだと、老人ながら脅し始める。結局、その勢いに負け新三は条件を飲む。しかし、ここからが面白い。間違いないようにと畳の上に小判を一枚一枚並べ十両で一列、二列目に五両まで置いて「カツオは半分もらったよ」といってあとを財布にしまう家主。新三はわけがわからない。首をかしげるたびに、この動きを繰り返す。ここが絶妙。とぼけた家主と真剣なまなざしの新三のやりとり。

結局、三十両の半分十五両は口利き料だと豪語。あきれて小判を蹴散らし怒り出す新三の腕を捕まえ、役所にしょっぴくと最後の脅し。「大家さんには、かなわねえや」で交渉成立。再び13枚まで並べたところで、家主のおかみさんが門口で成り行きを見守り「店賃《たなちん》（家賃）が滞っているよ」と外から声をかけ、二両差っ引かれるというおまけつき。貧乏長屋で繰り広げられる「小判」と「初ガツオ」問答。犯罪劇とは別に江戸前の初夏の光景を楽しみたい。

名セリフは、七五調など歌い上げるような音楽性がセリフ術に生きる。「名曲」はメロディーの美しさだけでなく、歌詞の裏読みと役者の踊り描く技で、より深く心に届くのである。

第7章　令和の歌舞伎

400年を経て受け継がれている歌舞伎

明治になっても庶民は長屋に暮らし、ちょんまげ頭髪が急に変わるわけでもなく、電灯や椅子席などの劇場の近代化、演劇改良運動などの変化にも、のんびり対応してきただろう。高尚化志向とは正反対の血みどろ、乱脈芝居も同時に好まれ、混然となった演劇は、女優劇、壮士芝居、散切《ざんぎ》りものとともに多様な展開を見せてゆく。

そして明治天皇の天覧歌舞伎。九代目團十郎、五代目菊五郎の「團菊時代」に五代目歌右衛門。大正は関東大震災、歌舞伎座の火災を潜り抜け文学性豊かな新歌舞伎の登場。二代目左團次、十五代目羽左衛門、昭和は「菊吉時代」六代目菊五郎に初代吉右衛門。

太平洋戦争の後、歌舞伎劇の上演禁止、欧米生活文化の広がり、邦楽環境の衰微、テレビ、映画の普及など衰退のきざしも見えるが、戦火焼失の歌舞伎座再建は昭和26（1951）年。六代目歌右衛門襲名から、そして「海老サマブーム」の七代目海老蔵が十一代目團十郎襲名（1962年）へとステップアップ。三之助時代、孝玉コンビ、十二代目團十郎襲名、スーパー歌舞伎、平成中村座へと続く。

阪神大震災、オウム事件、東日本大震災と世の混乱の中、盛衰を繰り返し、新しい歌舞伎座開場を特筆して平成の31年が終わる。迎えた令和。いきなりのコロナ災厄が地球を襲った。改元から10か月後、歌舞伎が姿を消した。歌舞伎座に限っていえば5か月間上演できなかった。

400年前、出雲の阿国《おくに》が演じた「阿国歌舞伎」が嚆矢《こうし》という歌舞伎の歴史。男装の舞踊や美女の群舞が人気を集め秀吉も見たという。その奇抜性が傾《かぶ》く精神といわれ「かぶき者」の芸能が「かぶき」の語源だと識者は教えてくれる。

しかし、女性芸能集団の売色が問題になり、前髪の若衆へと形態を変え、これが男装とは逆の男性の女形芸への始まりに繋がり「傾き精神」は継続される。だが風紀紊乱《びんらん》で禁令が出て「遊女かぶき」と同じように「若衆かぶき」はご法度となる。結果、現行の男性だけで演じる原型の「野郎かぶき」はこうして始まる。前髪を剃り落とした成人男子の野郎頭の役者たちのみで演じるという意味だ。こんな風に整然と入れ替わっていったのではないだろうが、混沌《こんとん》とした初期の歴史の概要だ。「野郎」たちは容色、姿態にだけ頼らずに面白い芸能を展開しなければ庶民はついてこない。

そこで物語性や音曲性を深めてゆく。細やかな人情と人々の胸をわしづかみにする作品や名曲の世界へと誘《いざな》ってゆくのに三味線、歌、浄瑠璃は欠かせない。能狂言に題材を求めたり、人形浄瑠璃を人間で演じてゆく義太夫狂言などが生まれ人気を博してゆく。

これまでの章で取り上げた名作、名セリフ、名曲は多様な技術の向上とともに400年を経て今に受け継がれているのだ。もちろん時代時代に輩出される名優の系譜は欠かせない。娯楽の王者「かぶき芝居」はいつしか「歌舞妓」や「歌舞伎」と表記され芝居・演劇の代名詞となり明治を迎えるのである。

歌舞伎は滅びない

近代化の中で「新歌舞伎」や「新作」「創作」「スーパー」など様々な歌舞伎が生まれてきた。「新歌舞伎」は大正、昭和の小説家や戯曲家による作品群を指し、坪内逍遥、岡本綺堂、真山青果、長谷川伸らの作品。それ以降は新作、創作といわれ（舟橋聖一『源氏物語』、宇野信夫『巷談宵宮雨』）、二代目市川猿翁は猿之助時代に「スーパー歌舞伎」を作り上げた。しかし、歌舞伎がスーパーに入れ替わったわけではない。

猿翁は古典を演じながらも「もう一つの歌舞伎」として『ヤマトタケル』をはじめとする名作を演じ再演を重ねた。また十八代目中村勘三郎は「コクーン歌舞伎」「平成中村座」といった実験的な劇場空間で串田和美、野田秀樹といった演出家とともに「もうひとつの歌舞伎」を作りながら古典の「鏡獅子」「盛綱陣屋」などに取り組んだ。新演出を歌舞伎座で演じ歌舞伎のレパートリーを広げていた。

尾上菊五郎は「復活狂言」といい江戸時代の脚本を国立劇場との連携で、毎年「何百年ぶり復活！」と謳《うた》ったものを正月らしい娯楽作品に仕上げた功績もある。また蜷川幸雄と組んでシェークスピア『十二夜』を歌舞伎化し、ロンドン公演も含め上演を繰り返した。これも歌舞伎だ。兄妹の双子を女形もできる菊之助が一人二役で演じ、歌舞伎の知恵が生きた名品だった。

こうした先人の動きから、『ＯＮＥ　ＰＩＥＣＥ』『ＮＡＲＵＴＯ―ナルト―』『風の谷のナウシカ』『あらしのよるに』など、アニメ、劇画、絵本からも新作が生まれ、再演を繰り返したり映像作品にして歌舞伎の観客層の拡大に貢献している。

つまり歌舞伎を文化面だけでなく社会性をもたせ現代に生きる歌舞伎としてレ

パートリーを増やしていることは看過できない。

何度も滅びるといわれてきた「歌舞伎」は公的な補助を受けずに「松竹」という興行会社が中心になって、カンフル剤を打ち続けてきた。これは高く評価されなければいけない。入場者が落ち込み赤字経営の中でも支えてきたからこそ、ユネスコ世界文化遺産「歌舞伎」は現在でも毎月、私たちが楽しめるのだから。

歌舞伎を支える構造

公的な支援はないとはいったが、公的な育成事業は歌舞伎の土台を大きく支えている。それは国立劇場などを運営する日本芸術文化振興会の存在だ。東京に能楽堂、演芸場、大阪の文楽劇場に国立劇場おきなわなどの施設を持つ。東京の国立大劇場は歌舞伎、小劇場は文楽が中心だが日本舞踊、邦楽、雅楽、郷土芸能など伝統文化全体を網羅する公演を実施しながら、それに関わる人材を育成する養成制度を確立している。

なかでも歌舞伎俳優の研修生には、中村歌女之丞、市川笑三郎、市川笑也、中村京蔵など現在の歌舞伎に欠かせない人材を多数輩出している。全歌舞伎俳優の半数が研修生出身者だ。ほかにも長唄や竹本など歌舞伎上演に欠かせない才能を育て、能、文楽、演芸あらゆるジャンルに光を当てていることは特筆すべきことである。

歌舞伎竹本コース出身の竹本葵太夫は人間国宝に選ばれた。研修制度半世紀の成果でもある。毎年8月の研修生の発表会はコロナ禍でも開催され、ふだんはその他大勢役の若手、中堅俳優が、名優たちから直接指導、特訓を受け主役を演じ、その実力を発揮している。これも必見の、先物買いの公演である。

また観客を育成する解説付きの「歌舞伎鑑賞教室」も高校生のから始まって社会人、親子、教師、外国人のためのとグレードアップして半世紀。大いに貢献している。

暮らしに生きる歌舞伎のことば

歌舞伎は自分とは縁遠い娯楽だと思っている日本人の暮らしの中に、歌舞伎由来のものがたくさんある。

コンビニなどで人気の「助六寿司」。もちろん人気歌舞伎『助六』から生まれた。細巻きでも太巻きでも海苔巻きと稲荷ずしのセットが必須。海苔巻きは助六の鉢巻。伊達鉢巻といわれファッションアイテム。色は「江戸紫」で海苔を連想。恋人は吉原の花魁、揚巻《あげまき》。油揚で巻いた寿司、稲荷ずしである。見事なネーミングだ。

さらに、食べ物では「幕の内弁当」。芝居と芝居の間の休憩時間を「幕間《まくあい》」というが、そこで食べるために一折に飯とおかずを、食べやすい一口サイズで詰め合わせた。いまでは芝居に関係ない彩り弁当として人気に。

「歌舞伎揚」という煎餅。丸くてひびが入った揚げ煎餅。役者の家紋が米粉の生地に立体刻印？　してから揚げるので、もともとの紋様の判別は難しいが、「歌舞伎」の由来で登録商標。似ている「ぼんち揚げ」は山崎豊子の小説『ぼんち』（商家のぼんぼんキャラ）からだが、映画で演じたのが扇雀時代の坂田藤十郎や歌舞伎の世界から映画入りした市川雷蔵なので偶然、縁がある。扇雀といえば「扇雀飴」。二代目襲名の折、命名した商品から会社名になって、現在も様々なキャンディを製造している。わたしはこのCMソングを歌える。

ほかに、お茶漬け海苔が歌舞伎カラーといえばイメージがわくだろう。三色の幕、定式幕《じょうしきまく》が由来だが、実際のパッケージは違う。「四色」使われている。それも実際の幕にはない赤と黄色。モデルの色の黒と緑が入っていて、使われていないのはお茶漬けなのに「茶色」、それは地味。色で印象的な黄色と赤、どちらも目に飛び込んでくるインパクト。発売から70年かわっていないとか。なお、教養の「キ」――三色は「黒」「柿」「萌黄《もえぎ》」と歌舞伎では言う。柿は実の色ではなく柿渋色とか。萌黄も緑というよりふさわしい和名である。

ちなみにこの色は江戸の芝居小屋、江戸三座に限る。森田座と市村座の幕の色。中村座は「黒」「柿」までは一緒だが「白」の三色。「平成中村座」で使用される。上方の芝居小屋は三色ではなく自由に様々だったとか。

幕は「幕を引く」「幕を下ろす」など、芝居から生まれた日常語。「幕開け」も多用されるが、歌舞伎では「幕開き」である。「あけ」と誤用が増えたのは「夜明け」感覚から転用されたから。

「人生の花道」「引退の花道を飾る」などの花道。歌舞伎研究の服部幸雄から教わったのは、贔屓客が「花＝祝儀」を渡す場所がいつしか幅が広がって舞台として演技にも使われるようになったからと。大衆演劇のお札の首飾りや昭和の歌謡ショーの花束贈呈を連想してほしい。

最初からあの一本道があったわけではなく、升席にするため縦横に客席には長い板（歩み板）が配置されていて、そのうちの一本の幅が広くなり花道へと進化していったという。もう一本の上手側の仮花道とともに両花道といって、同時に使う演出もある。「御所五郎蔵」「吉野川」「かさね」など、観客は首を左右に振りながら、ぜいたく体験をすることになる。

カノジョにご馳走するときやプレゼントで「見栄《みえ》を張る」という表現は、芝居由来ではない。「見得《みえ》を切る」が正しい。「大見得を切る」なども使う。ここぞという勝負時、ビジネス会議のプレゼンテーションの結論を大きな声でゆっくりと締めくくる。ぎょろりと目玉をむいたり、書類を手に掲げてストップモーション。歌舞伎から「見得」ポーズを学んでほしい。役に立ちますよ。夫婦喧嘩では多用しないように。

裏取引で実は専務の命令で動く場合、「アイツ、専務の差し金で発言してんだぜ」と訳知り人が囁く声。「差し金《さしがね》」も芝居用語。蝶々が細長い竹棒の先についで、飛んでいる「鏡獅子」「保名」などの場面で後見がしならせて操る。竹と蝶をつないでいるのが柔らかい金属、なので「金」の文字。そのしなり方が絶妙、蝶のほか、鳥は「楼門五三桐」「関の扉」、恐い人魂は焼酎の火を差し金に吊り、

「再岩藤《ごにちのいわふじ》」「四谷怪談」などで活躍する。

「後見は黒衣の場合が多い。

「黒衣《くろご》に徹します」。先ほどの専務命令の人は表で「傀儡《かいらい》」として活躍するのだが、専務の陰で裏取引をしたり、帳簿をごまかしたり、社長追い落としの……(ドラマの見過ぎ)。「あいつが黒幕」。つまり姿を見せず、実は専務の背後に、合併を持ち掛けるライバル会社の思惑があって……謎の人物。つまり、ドラマではシルエットで浮かぶ。顔も名前もあきらかではない。黒=見えない、という芝居ルール。死んだ人がいつの間にかいなくなるのは黒衣二人が黒い幕を広げて隠し、舞台上から消すので「消し幕」ともいう。

「あいつダンマリをきめこんでるぜ」。刑事ドラマの被疑者沈黙。もちろん「黙る」からきているが、歌舞伎では「宮島のだんまり」「市原野のだんまり」などの作品名にもあり、「四谷怪談」などでも途中、出演者全員が手探りをする場面がある。真っ暗闇で見えない設定。長唄「露《つゆ》は尾花《おばな》」などの曲が流れ、宝物を奪い合ったり、立ち回りをしたり、敵味方入り混じって互いの様子を探り合うというスローモーション場面だ。これが面白い。漢字では「暗闘」と書いて「だんまり」と読ませる。言葉は生きている。

歌舞伎俳優のコマーシャルは、「勘定奉行」のように歌舞伎らしいものは少ない。スーツ姿や普段着素顔で様々だが、最近面白かったのは「飲みすぎ防止の胃薬ドリンク」。つまり二日酔いの薬を宣伝していた俳優が契約期限切れを待って、今度はビールのCMに出ていたので笑ってしまった。江戸時代から歌舞伎役者は名前で売り出す。当然タイアップ商品や役者名が付く人気アイテムがある。

2020東京オリンピックの市松模様は「佐野川市松《さのがわいちまつ》」の着ていた衣裳の柄から。市松人形も美貌の女形に似せたため。茶色でも「團十郎茶」「梅幸茶」「路考茶」「芝翫茶」など役者好みの色が色名事典に掲載されているので比べてみてほしい。三代目澤村田之助は人気アイドルの女形。「田之助紅」という口紅が商品化された。

三代目中村歌右衛門（初代芝翫）は起業してダブルインカム。店名は「芝翫《しかん》香《こう》」。びんつけ油、白粉から売りだしたが櫛、簪のアクセサリー「芝翫好み」という人気商品も。経営者はかわったが店名は200年続き、いまでは宝飾店。きらびやかさはかわらない。

歌舞伎のタイトル

これまでにいくつかの芝居を取り上げ「通称は○○」など、簡単な表記のもので語ることが多かったが、少年時代、歌舞伎が見たくなる理由の一つが芝居のタイトル。外題のおもしろさにあった「寺子屋」の「菅原伝授」や「切られ与三」の「浮名横櫛」は物語の内容が読み込まれたすぐれものと書いたが、ほとんどがそうだ。代表は『仮名手本忠臣蔵』。ひらがなは真名《まな》（漢字）で書く公的な史料ではなく、わかりやすい庶民的な物語という意味と、「いろは」四十七文字が主君の無念を晴らした四十七が武士のお手本だという。そうした忠義の侍＝忠臣がいっぱいつまった、お蔵。だが、蔵は大石内蔵助（芝居では大星由良之助）。わざと実説を匂わせているだけではなく、もう一人の蔵が隠れている。これが加古《かこ》川本蔵《がわほんぞう》。これこそ浄瑠璃作者が創造した忠臣。塩谷判官（浅野内匠頭）を刃傷の場でとどめた梶川与惣兵衛《かじかわよそべえ》をモデルに高師直（吉良上野介）に賄賂を贈って、師直を斬ろうと息巻く短気な主君、若狭之助の命を助ける人物。娘と由良之助の息子力弥が許嫁という伏線も張っている。外題にこれだけの意味を入れてしまうのだから、その才能は素晴らしいし、江戸の観客は読み解いていたのだ。七文字、五文字、三文字と七五三のめでたい数に無理やり合わせるのも巧みだ。

中学時代その外題一覧を見て、面白い、どんな芝居だろう見てみたいと思わせた「名作」がたくさんあった。『忍夜恋曲者』（しのびよるこいはくせもの）は、妖術使いの滝夜叉姫《たきやしゃひめ》が夜中の朽ち果てた御殿に出現する「将門《まさかど》」という常磐津舞踊。『忍逢春雪解』（しのびおうはるのゆきどけ）は、花魁のもとに逃亡者の恋人が雪の中ひそかに訪ねる「三千歳《みちとせ》」が通称の清元の名曲。

どちらも「なるほど」と納得してしまう五文字に凝縮。『天衣紛上野初花』（くもにまごううえのはつはな）は、通称「河内山《こうちやま》」。お数寄屋《すきや》坊主が桜の名所、上野東照宮の関係者に化け、高僧のはなやかな衣で正体を紛らして松平家で詐欺を働く痛快時代劇。

近松門左衛門は『女殺油地獄』（おんなころしあぶらのじごく）。油屋の人妻が同業者の息子に金目当てに殺される。油まみれの殺戮シーンがみもの。

『心中天網島』（しんじゅうてんのあみじま）は、遊女と紙問屋の妻子ある男性の心中ドキュメントドラマ。心中した場所が網島町《あみじまちょう》にある寺。十夜《じゅうや》念仏の響く中、天国に旅立ったという意味と、「天網恢恢《てんもうかいかい》」妻子を置き去りに恋の道を選んだ悪事を天が知る、という意味もある。

『色彩間苅豆』、これは読めない（いろもようちょっとかりまめ）。「かさね」という怪談風舞踊劇で、清元のいい節がついている。腰元かさねの愛した浪人は父を殺し、母とも関係があった。その祟りで顔が変貌する因果物《いんがもの》。漢字で書くと「累《かさね》」。まさに「累《るい》を及ぼす」講談ネタ。父殺しの凶器が鎌。それでかさねも刺される。また畑仕事(豆刈)をしている少しの間(ちょっと)色事をしたとも読める。中学生には理解できないHなタイトルだ。

「ちょっと」を一寸と書くのが、『謎帯一寸徳兵衛』(なぞのおびちょっととくべえ)。「一寸《いっすん》徳兵衛」は「夏祭」で団七と争ったあと仲間になる侠客だがその世界を借りている。「謎を解く」「帯を解く」両方の掛詞で後半は色っぽい。

『勧善懲悪覗機関』(かんぜんちょうあくのぞきからくり)は、村井長庵という悪者と番頭長八は善人の一人二役。悪は滅び、善は栄えるで幕となる。うまいタイトルだ。

最後はきれいに『積恋雪関扉』(つもるこいゆきのせきのと)。常磐津舞踊の大曲。雪の中、薄墨桜が満開の逢坂の関。国家転覆を狙う大伴黒主《おおとものくろぬし》(「ぶっ返り」

の項で書いた）が恋によそえて近づく桜の精と争う。大時代メルヘンドラマ。どれが見たくなりましたか？

あなたの町の歌舞伎座

わたしの歌舞伎体験は、芝居の内容や役者のことを何も知らない頃、劇場そのものの魅力にとりつかれたことから始まった。歌舞伎座、国立劇場、新橋演舞場……いずれも雰囲気が違う東京の劇場を順に巡り、芝居のふるさと大阪道頓堀や京都祇園四条などの劇場に出かけたのがこうした案内書を書くことにつながる青春時代だった。ぜひ芝居とセットでそれぞれの都市風景になじんだ伝統の劇場に足を踏み入れてほしい。

ちなみに、高校生時代一番あこがれた劇場街は大阪道頓堀。いまでもグリコの看板や戎橋、巨大な蟹オブジェが有名だが、道頓堀川の南側に西から松竹座、角座、浪花座、中座、朝日座と劇場がずらりと並んでいた。一軒だけ芝居茶屋も残っていた。劇場は座名だけで中身は映画館、寄席、演芸場などだった。かろうじて中座が渋谷天外、藤山寛美の松竹新喜劇や京唄子、鳳啓助の「唄啓劇団」、ミヤコ蝶々の一座など人情喜劇が上演されていた。わたしが舞台中継の生放送を初めて担当したのがこの中座からの「初芝居」。大阪城築城４００年の正月、藤山寛美の芝居だった。その後、毎年7月の「関西で歌舞伎を愛する会」の公演が定着し松竹座にバトンタッチされ、焼失してしまった。

　朝日座は人形浄瑠璃「文楽」の興行で芝居町らしさをとどめていた。いまは、近くの国立文楽劇場がその場になり、劇場はなくなったが坂田藤十郎の中村扇雀時代、演出家武智鉄二の歌舞伎「小栗判官」を見た思い出がある。近くに巨大な新歌舞伎座はあったが「歌舞伎」はほとんど上演されていない時代で歌手芝居が多かった。山田五十鈴の『淀どの日記』が新歌舞伎座での初観劇だった。

でも道頓堀の賑わいは上方劇場文化の息吹を思い起こさせてくれる。「頬かむりの中に日本一の顔」と上方歌舞伎全盛期、初代中村鴈治郎の紙屋治兵衛を賛じた岸本水府の句碑がうどん屋の角に残っている。

大阪以外にも「花の道」を歩いて通った宝塚大劇場の兵庫県宝塚も独特の文化。100年の歴史がある。大劇場の隣、バウホールで大地真央と黒木瞳の上演したオペレッタ『シブーレット』がわたしの劇場中継初担当。これが歌舞伎座からの舞台中継に繋がってゆく思い出の劇場だ。

そして顔見世の京都、南座はもちろんだが「京おどり」「都をどり」など伝統ある五花街の各歌舞練場を歩き、見比べ、町のたたずまいと京の劇場文化の良さを覚えた高校生だった。ちなみに南座平成改修のときは祇園甲部の歌舞練場で顔見世興行が、耐震補強工事の折、中村雀右衛門襲名披露の顔見世は先斗町の歌舞練場で上演された。出雲阿国にゆかりの京都。その雅な文化は歌舞伎と深くつながっているとともに全国から出かける価値ある町である。

ちなみに江戸時代からの芝居小屋の雰囲気をとどめる小屋は秋田県小坂《こさか》町、康楽館、岐阜県内に下呂の鳳凰座など九つもの劇場、愛媛県の内子座、香川県の金毘羅大芝居、熊本県山鹿市の八千代座などが代表で、大歌舞伎の役者たちが、競ってこうした舞台で歌舞伎を上演してきた。なかでも金毘羅大芝居は、コロナ前まで毎年4月は恒例の公演が行われていた。芝居が上演されていなくても見学できるところが多いので、人力の回り舞台や、奈落などの構造、客席からの升席など十分雰囲気を味わえる。

観光気分といえば琴平は金毘羅参りの石段登りと、うどん県ならではのグルメ旅。内子座は商家の家並みが楽しめる町歩きと、電車ですぐの松山で坊ちゃん電車に乗って道後温泉で日帰り入浴もセットなどなど、町そのものの魅力の中心に劇場を置くことができる。

あなたの村の歌舞伎座

　また小屋ではなく、舞台だけが残り、祭礼の日に客席が作られる農村舞台も魅力的で全国に散在する。一つ例を挙げれば、福島県檜枝岐村《ひのえまたむら》。尾瀬の入口の村、人口600人ながら、鎮守の神社前の広場に茅葺《かやぶき》の小屋があり、年3回、扉が開かれると華やかな歌舞伎舞台に変身。まさに目の前の高台にある神社に向かって「奉納」するかたち。観光客は境内の地面に座布団を敷いてみる。芝草の上に居ながら楽しむ、まさに「芝居」の原点がよくわかる構図になっている。

　群馬県渋川市赤城は「からくり舞台」がある。農村芝居が上演されるとき、舞台転換そのものがエンタテイメントになっている。三方の壁が変化したり大ゼリが上がったり下がったり、回り舞台を回転させながらセリは変化したりと、大歌舞伎ではありえない展開。びっくりするのは、それをすべて人力でやっている。奈落や二階上部に綱を担当する人たちがいて、息を合わせないと巨大な構造物が動かない。水車小屋を作っていた大工さんが工夫した200年前のもの。これを見るだけでも価値がある。

山形県酒田市黒森。雪国ならではの真冬の農村歌舞伎。春の耕作に先駆け、小正月の行事。屋根があるのは舞台の上だけ。野外で、降る雪の中で酒を酌み交わし、「しばれるねえ」と言葉を交わしながら観劇する。やはり「芝居」の原点かもしれない。

全国にある自治体の市民会館などのホールも、歌舞伎上演を前提とした空間が増え、花道、回り舞台、桟敷席などの機構を備えたいわば特化したホールがある。たとえば山口県長門市のルネッサながと、石川県小松市の芸術劇場「うらら」、金沢の県立音楽堂、愛知県扶桑町の文化会館など、工夫を凝らした自治体も多い。長門は近松門左衛門ゆかりの土地、小松市には『勧進帳』の舞台、安宅があり、子供歌舞伎を上演している「歌舞伎のまち」という歴史があるなど、相応の理由を持っている。

芝居小屋や農村舞台以外でも、その土地の「歌舞伎座」に匹敵する舞台が、もうひとつある。それは山車とか曳山、屋台などといわれる、祭礼行事に氏子地内を巡行する神具。京都祇園祭の山鉾巡行、岐阜県高山の屋台は動く陽明門などといわれるが、いずれも宮づくりの構造で舞台があり、地方によってはここで歌舞伎が上演される。神具と書いたが奉納歌舞伎とされ、狭い空間なので大人ではなく子供たちが主役の「こども歌舞伎」が上演されてきた。

滋賀県長浜市は12基、石川県小松市は8基、富山県砺波市は3基など有名だが、福島県南会津にも大屋台と呼ぶ車輪付き4基の舞台がある。いずれも200年を超える歴史を守っている。彫刻装飾の華やかさ、子供の演技のあどけなさ、飾り提灯に明かりが灯る夜の美しさ。目の中は「歌舞伎座」状態だ。

以上、みなさんの暮らす街にも誇り高い「歌舞伎座」はあるのだが、やはり本書の第1章に戻り、まずは東京、歌舞伎座での歌舞伎事始め。そして、それぞれの地のふさわしい空間でより深く、歌舞伎の魅力に親しんでほしい。

あとがきにかえて〜新作歌舞伎とシネマ歌舞伎

歌舞伎は古典を味わうのが醍醐味だが、浄瑠璃や三味線音楽で躓《つまず》く人がいる。しかしセリフだけで展開する『修禅寺物語』『元禄忠臣蔵』『一本刀土俵入』など明治以降の「新歌舞伎」は親しみやすく奥が深い。もはや古典の領域だ。それ以降、平成になって「新作」「創作」が量産された。

二代目市川猿翁が猿之助時代に始めた「スーパー歌舞伎」は『ヤマトタケル』『新・三国志』など多彩な作品群を生み、現在の四代目猿之助にその精神が受け継がれ、『ワンピース』『新版オグリ』などがある。いずれもスピード感、スペクタクル性など子供から大人まで飽きさせない演出だ。さらに渋谷のコクーンシアターで串田和美が演出する「コクーン歌舞伎」。十八代目中村勘三郎と連携し『法界坊』『夏祭浪花鑑』など、海外公演につながるヒット作を持つ。

海外といえば蜷川幸雄の歌舞伎『十二夜』は原作者・シェークスピアのふるさ

と英国のロンドンでも上演。野田秀樹、横内謙介、渡辺えりなどの演出家、劇作家が歌舞伎に関わり新たな歌舞伎ファンを増やしている。『風の谷のナウシカ』も記憶に新しい。『あらしのよるに』は絵本から生まれた歌舞伎。これらはチケット完売で見られない観客も続出した。幸いシネマ歌舞伎やDVDに収録されている。

シネマ歌舞伎についても触れておこう。たんなる舞台記録ではなく歌舞伎に詳しい監督や演出家を使って独特の映像編集をしている。古典では玉三郎の『阿古屋』、新作では幸四郎の染五郎時代の『阿弖流為《アテルイ》』、平成中村座の『め組の喧嘩』など物故者も含め、再演しにくいものを「月イチ歌舞伎」と題して、全国の映画館で繰り返し上映している。

さらに古典からスーパー歌舞伎、新作までを網羅した松竹歌舞伎DVDが現在、アシェット社から発売中だ。全百巻で、毎月2作品出ている。価格も一巻2千円ほどで求めやすい。解説書は全巻に、また、わたしが音声解説しているものが40作ほどある。

劇場での観劇がわたしの希望だが、昨今の情勢が許さない中では、こうした映像をＮＨＫの舞台中継とともに楽しんでいただきたい。「劇場中継」「舞台解説」を担当したいと思いＮＨＫのアナウンサーになったわたしは、放送を通じて歌舞伎ファンを増やしたいと願っていた。退職後もそんな思いを持ち続け、本書にも、おすすめポイントを綴ってみた。みなさんの「わたしはこう見る」につながる懸け橋の一冊になればと念じている。

「はじめに」で、歌舞伎を見ることはわたしの元気の素と書いたが、能『東方朔《とうぼうさく》』でこんなことを教えられた。前漢の武帝に長寿を約束する桃を西王母がもたらすが、その残った種（仁）を舐めることで庶民も長寿のおこぼれにあずかれるらしい。齢《よわい》を重ねたわたしも、もう少し歌舞伎を見続けたいと思い、筆を置く。

七夕や　桃仁《とうにん》　舐《ねぶ》り　賀《が》の祝《いわい》　聖司

初心者向け　歌舞伎に近づく情報

歌舞伎美人（かぶきびと）

https://www.kabuki-bito.jp

歌舞伎公演の情報をいち早く伝えてくれる松竹の歌舞伎公式サイト。

『月刊　演劇界』演劇出版社

全国の書店にある。戦前から残る唯一の歌舞伎専門の月刊誌。少年時代から劇評を読み、掲載の舞台写真に目を奪われた。

『歌舞伎の事典』藤田洋／新星出版社

演目ガイドとして最適。181演目、すべてカラー写真で紹介。必ず見たくなる作品が見つかるはず。

『歌舞伎手帖』渡辺保／角川ソフィア文庫

一作品を一ページにまとめ、３００演目を解説。調べたい名作が必ずみつかる。

『かぶき手帖』日本俳優協会／松竹

同じようなタイトルだが、こちらは俳優名鑑。２０２１年版など毎年発行。全歌舞伎俳優のプロフィールを掲載し、歌舞伎ファン必携。

『歌舞伎特選ＤＶＤコレクション』アシェット・コレクション・ジャパン
http://www.kabukidvd.jp

あとがきに記した松竹制作の映像。書店にある。

拙著もお読みください。

『名セリフの力』と続編の『ことばの切っ先』展望社
歌舞伎を中心に、名セリフの魅力を暮らしの中から描いた日本語エッセイ。後者は小学館から出た同書の加筆増補版です。

『僕らの歌舞伎　先取り！　新・花形世代15人に聞く』淡交社
いま大活躍の若手、花形役者との対談集。（松也　梅枝　歌昇　萬太郎　巳之助　壱太郎　新悟　尾上右近　廣太郎　種之介　米吉　廣松　隼人　児太郎　橋之助）

『文楽のツボ』（生活人新書）ＮＨＫ出版
歌舞伎の原作になっている人形浄瑠璃・文楽の作品ごとの解説。新書版。歌舞伎を見たら文楽も見たくなりますよ。

●著者プロフィール
葛西聖司（かさい・せいじ）
古典芸能解説者。NHKアナウンサーとしてテレビ、ラジオのさまざまな番組を担当してきた。現在はその経験を生かし、歌舞伎、文楽、能狂言、邦楽など古典芸能の解説や講演、セミナーなどを全国で展開。 日本演劇協会会員（評論）、早稲田大学公開講座、NHK文化センター、朝日カルチャーセンター、山梨文化学園講師。著書に、『僕らの歌舞伎』（淡交社）、『文楽のツボ』(NHK出版）、共著に『能の匠たち』（小学館）、『能狂言なんでも質問箱』（檜書店）、『教養として学んでおきたい能・狂言』（マイナビ新書）など著作も数多い。

マイナビ新書

教養として学んでおきたい歌舞伎

2021年8月31日　初版第1刷発行

著　者　葛西聖司
発行者　滝口直樹
発行所　株式会社マイナビ出版
〒101-0003　東京都千代田区一ツ橋2-6-3　一ツ橋ビル2F
TEL 0480-38-6872（注文専用ダイヤル）
TEL 03-3556-2731（販売部）
TEL 03-3556-2735（編集部）
E-Mail pc-books@mynavi.jp（質問用）
URL https://book.mynavi.jp/

装幀　小口翔平＋三沢稜＋後藤司（tobufune）
本文イメージイラスト　深谷国弘
DTP　富宗治
印刷・製本　中央精版印刷株式会社

 ISBN978-4-8399-7593-7
Printed in Japan